TOP **10**
BUENOS AIRES

DECLAN McGARVEY &
JONATHAN SCHULTZ

W0172473

DORLING KINDERSLEY

Links **Tango-Show** Mitte **Gemälde bei Kelly's** Rechts **Cementerio de la Recoleta**

EIN DORLING KINDERSLEY BUCH

www.dk.com

Produktion *Quadrum Solutions,
Krishnamai, 33B,
Sir Pochkanwala Road, Worli,
Mumbai, Indien*

© 2009, 2011 Dorling Kindersley Ltd., London
A Penguin Company
Zuerst erschienen 2009
bei DK Publishing Inc., New York

Für die deutsche Ausgabe
© 2009, 2011 Dorling Kindersley Verlag GmbH,
München

Aktualisierte Neuauflage 2011 / 2012

Programmleitung *Dr. Jörg Theilacker,
Dorling Kindersley Verlag*
Übersetzung *Bernhard Lück, Augsburg*
Redaktion *Birgit Walter, Augsburg*
Schlussredaktion *Birgit Lück, Augsburg*
Satz und Produktion *Dorling Kindersley Verlag*
Lithografie *Colourscan, Singapur*
Druck *Leo Paper Products, China*

ISBN 978-3-8310-1461-3
2 3 4 5 14 13 12 11

Die Top-10-Listen in diesem Buch sind nicht
nach Rängen oder Qualität geordnet. Alle zehn
Einträge sind in den Augen des Herausgebers
von gleicher Bedeutung.

Inhalt

Top 10 Buenos Aires

**Die Informationen in diesem
Top-10-Reiseführer werden regelmäßig überprüft.**
Wir haben uns intensiv bemüht, die Informationen in diesem Buch zum Zeitpunkt
der Drucklegung auf den neuesten Stand zu bringen. Angaben wie Telefonnummern,
Öffnungszeiten, Preise, Ausstellungen und Fahrpläne unterliegen jedoch Veränderungen.
Der Herausgeber kann für eventuell hieraus entstehende Schäden nicht haftbar
gemacht werden. Für Hinweise, Verbesserungsvorschläge und Korrekturen ist
der Verlag dankbar. Bitte richten Sie Ihr Schreiben an:
Dorling Kindersley Verlag GmbH
Redaktion Reiseführer
Arnulfstraße 124
80636 München
travel@dk-germany.de

Links **Exponate im MALBA** Mitte **Café Tortoni** Rechts **Galerías Pacífico**

Links **Calle Caminito, La Boca** Rechts **Congreso Nacional**

TOP 10
BUENOS
AIRES

🔟 **Highlights**

Buenos Aires, la Capital, gilt als die romantische wie dynamische Seele Argentiniens: In überfüllten milongas (Tanzlokalen) schlagen Tango-Kombos den Takt, junge Männer frönen in riesigen Stadien dem Fußballrausch, zahllose Taxis mühen sich durch einige der breitesten Boulevards der Welt. Die Einwohner der vitalen Metropole, die Porteños, folgen ihrem eigenen Rhythmus. Sie nehmen sich Zeit, gut gekleidet auszugehen und sich gebührend zu entspannen. Beeindruckende Museen, reizende Plätze und die historisch reiche Architektur machen die Stadt einladend und lebendig.

Plaza de Mayo 1
Der Platz war Kulisse rauschender Fußballweltmeisterschaftsfeiern. Er ist aber auch Schauplatz der Schweigemärsche der Madres de Plaza de Mayo *(siehe S. 8f).*

2 **Cementerio de la Recoleta**
Der Friedhof ist Denkmal und Sinnbild der Geschicke des Landes: Glanzvolle Mausoleen und bröckelnde Marmorgräber spiegeln Glück und Niedergang *(siehe S. 10f).*

Teatro Colón 3
Zu seinem hundertsten Jahrestag war das größte Opernhaus Argentiniens eingerüstet. 2010 wurde es nach umfangreicher Renovierung wiedereröffnet. »El Colón« ist vermutlich das beliebteste Gebäude des Landes *(siehe S. 12f).*

5 **Museo Nacional de Bellas Artes**
Argentiniens Nationalmuseum beherbergt eine hervorragende Dauerausstellung. Auf wenig Fläche zeigt es stattliche Bronzeskulpturen Rodins ebenso wie Ölbilder der mythischen argentinischen Pampa. Werke zahlreicher bedeutender internationaler Künstler sind ausgestellt *(siehe S. 16f).*

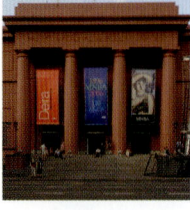

4 **Avenida de Mayo**
Buenos Aires' Prachtboulevard ist ein Mekka für Architekturfreunde. Die Straße säumen die besterhaltenen Jugendstil-, Belle-Époque- und Art-déco-Bauten Südamerikas, nette Cafés und alte Buchläden *(siehe S. 14f).*

Vorhergehende Doppelseite **Calle Caminito, La Boca**

San Telmo

In San Telmo, einem der ältesten *barrios* der Stadt, lebt die Tradition des *bodegón*, der typischen *Porteño*-Bar, in der man sich zu Wermut und Croissants trifft. Sonntags füllen Straßenmusiker die kopfsteingepflasterten Gassen mit Häusern aus dem 19. Jahrhundert *(siehe S. 18f)*.

Avenida 9 de Julio

Den 140 Meter breiten Boulevard säumen viele Sehenswürdigkeiten. Die größte Attraktion ist das Teatro Colón. Beim Überqueren der zwölf Fahrbahnen ist Vorsicht geboten. Die vielen Ampelphasen erfordern Geduld *(siehe S. 20f)*.

Museo de Arte Latinoamericano de Buenos Aires (MALBA)

Das MALBA etablierte sich nach der Eröffnung 2001 rasch. Die Sammlung lateinamerikanischer Kunst enthält Werke von Diego Rivera und Xul Solar. Es gibt Filmvorführungen und einen interessanten Museumsladen *(siehe S. 22f)*.

Colonia del Sacramento, Uruguay

Die koloniale Architektur und die entspannte Atmosphäre machen die von portugiesischen Händlern gegründete Stadt an Wochenenden zu einem beliebten Ausflugsziel *(siehe S. 24f)*.

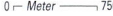

Tango

Unbeschwert und heiter oder klagend und traurig: 120 Jahre nach der Entstehung ist der Tango, Buenos Aires' musikalische und poetische Ausdrucksform, höchst lebendig. Überall gibt es Kurse und Vorführungen. Tango ist integraler Bestandteil der Kultur der Stadt. Er fasziniert die *Porteños* und die Menschen weltweit *(siehe S. 26–29)*.

Plaza de Mayo

Die bedeutendsten Boulevards Buenos Aires' gehen wie die Speichen eines Rades sternförmig von diesem Platz aus. Die Plaza bietet Zeugnisse nahezu jeder Epoche der Stadtgeschichte: Das Cabildo de Buenos Aires, das kleine Regierungsgebäude aus dem 18. Jahrhundert, hat heute keine offizielle Funktion, besitzt aber eine imposante Aura. Gegenüber liegt die Casa Rosada, der viel größere aktuelle Regierungssitz. Auf dem begrünten Platz zwischen den Gebäuden wurden Argentiniens hitzigste innenpolitische Kämpfe ausgetragen und die größten Feste veranstaltet: von der Marinerevolte 1955 bis hin zu den Fußballweltmeisterschaftsfeiern 1978 und 1986. Inmitten der Geschichtsträchtigkeit kann man auf der Plaza wunderbar bei einem mate entspannen.

Plazoleta de San Francisco

🕐 **Wenn Sie die Plaza zwischen Mai und November besuchen, fahren Sie zur nahen Casa de la Cultura (siehe S. 15), um die kostenlosen Tanzvorführungen um 18 Uhr zu sehen.**

☕ **Im Café La Puerto Rico (Calle Alsina 420) gibt es Kuchen und Kaffee.**

• Karte F2
• Casa Rosada: Calle Hipólito Yrigoyen 219; 4344-3804; www.museo.gov.ar
• Cabildo de Buenos Aires: Calle Bolívar 65; 4342-6729; www.cultura.gov.ar
• Catedral Metropolitana: Ecke Avda. Rivadavia & Calle San Martín; 4331-2845; www.catedralbuenos aires.org.ar
• Ministerio de Economía: Calle Hipólito Yrigoyen 250; 4349-5000; www.mecon.gov.ar

Top 10 Sehenswert

1. Casa Rosada
2. Cabildo de Buenos Aires
3. Catedral Metropolitana
4. Pirámide de Mayo
5. Las Madres de Plaza de Mayo
6. Banco de la Nación
7. Reiterstandbild von General Belgrano
8. Demonstrationen
9. Ministerio de Economía
10. Plazoleta de San Francisco

1 Casa Rosada
In der Casa Rosada *(oben)* hält der Präsident Konferenzen ab. Besucher können in dem Museum, das Relikte der alten Stadtbefestigung zeigt, auf Zeitreise gehen.

2 Cabildo de Buenos Aires
Der Regierungssitz des Vizekönigreichs des Río de la Plata birgt Exponate aus der Zeit vor Argentiniens Unabhängigkeit. Donnerstags und freitags findet im Hof ein Kunsthandwerksmarkt statt.

3 Catedral Metropolitana
Die große klassizistische Kathedrale *(unten)* wurde im Jahr 1836 geweiht. Sie beherbergt einen Rokoko-Altar und das Grabmal von General José de San Martín, dem Befreier Argentiniens.

Pirámide de Mayo

Das Monument *(rechts)* ist den Revolutionären von 1810 gewidmet, die Argentiniens Unabhängigkeit einleiteten. Eine Gedenktafel erinnert an Julio López, einen wichtigen Zeugen, der während eines Strafprozesses 2006 verschwand.

Las Madres de Plaza de Mayo

Seit 1977 protestieren die Mütter der jungen Männer und Frauen, die während der Militärdiktatur von 1972 bis 1982 verschwanden, auf der Plaza. An ihren wöchentlichen Märschen kann jeder teilnehmen.

Banco de la Nación

Die Nationalbank birgt ein anschauliches Modell des Platzes, wie er Mitte des 20. Jahrhunderts, als die Bank errichtet wurde, aussah – mit reizenden Details wie Fußgängern und Autos. Auch die zentrale Kuppel des Bauwerks ist beeindruckend.

Reiterstandbild von General Belgrano

Manuel Belgrano wird nicht als Kriegsstratege verehrt. Er entwarf die argentinische Flagge. Das Standbild zeigt ihn zu Pferde, die nationale Standarte tragend *(oben)*.

Demonstrationen

Fast täglich finden auf der Plaza de Mayo Demonstrationen statt *(links)*. Mit Ausnahme der Krawalle vom Dezember 2001 *(siehe S. 33)* verlaufen die politischen Kundgebungen stets friedlich.

Ministerio de Economía

Der Bau läutete den formellen Architekturstil ein, für den sich später der Präsident Juan Perón einsetzte. In der Lobby hängen zwei düstere Ölbilder der Wandmaler Naguil und Quirós von 1939.

Plazoleta de San Francisco

Der Skulpturengarten enthält vier Marmorfiguren, die ursprünglich die Pirámide de Mayo umgaben. Sie repräsentieren jeweils Astronomie, Schifffahrt, Geografie sowie die Industrie.

30 Jahre Las Madres

Begleitet von Rockkonzerten, TV-Shows und politischem Interesse begingen die Madres de Plaza de Mayo 2007 ihr 30-jähriges Jubiläum. Trotz eines Zerwürfnisses 1986 ist die Botschaft der Frauen nie verstummt oder vom Ziel abgewichen. Heute richten sich die Bemühungen darauf, junge Erwachsene, die als Kinder ihren Müttern geraubt wurden, zu identifizieren und ehemalige Offiziere der Diktatur vor Gericht zu bringen.

Die Madres de Plaza de Mayo wurden u. a. mit dem UNESCO-Preis für Friedenserziehung ausgezeichnet.

Cementerio de la Recoleta

Der Friedhof ist einer der größten der Welt. Er liegt in Recoleta, einem eleganten Viertel im Norden der Stadt. Seit Mitte des 19. Jahrhunderts ist er die bevorzugte Begräbnisstätte der argentinischen Oberschicht. Hier sind Präsidenten, Militärführer, Künstler, Aristokraten und, vielleicht am berühmtesten, Eva Perón in wunderbaren Mausoleen aus Granit und Bronze bestattet. Die Grabstätten stehen dicht an dicht entlang eines Labyrinths von Wegen und engen Durchgängen. Die Vielzahl der Baustile ist faszinierend: Prächtige griechische Tempel stehen neben kleinen ägyptischen Pyramiden, Jugendstilgewölbe neben monumentalen Kenotaphen. Der mit dorischen Säulen versehene Haupteingang in die außergewöhnliche Stadt der Toten wurde 1881 errichtet.

Aussegnungskapelle

Einige Veranstalter bieten geführte Touren über den Friedhof an. Am Eingang sind Übersichtskarten erhältlich.

La Biela *(siehe S. 70)* lädt zum Kaffeetrinken ein. Das Café Pariser Stils war einst Treffpunkt der intellektuellen Szene der Stadt sowie der Anhänger des Automobilsports.

- Karte N4
- Junín 1760, zwischen Guido & Vicente López
- 4803-1594
- tägl. 7–18 Uhr
- kostenlose Führungen auf Englisch: Mo & Do 11 Uhr
- www.cementerio recoleta.com.ar

Top 10 Grabstätten

1. Eva Duarte de Perón
2. Familie Leloir
3. Domingo Faustino Sarmiento
4. Aussegnungskapelle
5. José Clemente Paz
6. Pantheon Verdienter Bürger
7. Dorrego-Ortíz Basualdo
8. Carlos Pellegrini
9. William Brown
10. Ehrenmal der in der Revolution von 1890 Gefallenen

1 Eva Duarte de Perón
Evita ist in einer vergleichsweise schlichten Familiengruft bestattet *(unten)*. Gedenkplaketten mit Zitaten wie »Ich werde zurückkehren, und ich werde Millionen sein« bedecken die Wände, Blumen schmücken die Tür.

2 Familie Leloir
Die imposante Familiengruft im Stil eines griechischen Tempels spiegelt Ehrgeiz und Selbstvertrauen der argentinischen Oberschicht des 19. Jahrhunderts. Die Skulpturen wurden wie die vieler anderer Gräber in Europa gefertigt.

3 Domingo Faustino Sarmiento
Sarmiento, Präsident Argentiniens von 1868 bis 1874, war Freimaurer. Sein Grab, das er selbst entwarf, zieren Symbole der Gesellschaft wie Pyramide, Kompass und das Auge der Vorsehung.

4 Aussegnungskapelle
Das marmorne Kreuz über dem kleinen Altar der 1882 erbauten Kapelle schuf der italienische Künstler Giulio Monteverde. Es zeigt *Cristo Morto*, den toten Christus am Kreuz.

Bilder des Friedhofs www.highbuenosaires.com

5 José Clemente Paz
Das Grabmal des Gründers der Zeitung *La Prensa* ist das schönste des Friedhofs *(links)*. Es zeigt eine Allegorie der unsterblichen Seele: einen Engel, der seinen Körper verlässt und die Seele gen Himmel trägt.

6 Pantheon Verdienter Bürger
In diesem geschichtsträchtigen Segment des Friedhofs liegen die Gräber verschiedener Helden des Unabhängigkeitskampfs. Daneben erinnern Kenotaphe an weitere zentrale Persönlichkeiten dieser Zeit.

7 Dorrego-Ortíz Basualdo
Die Grabstätte *(oben)* enthält ein Kreuz und eine Menora. Dies versinnbildlicht den Übertritt der jüdischen Familie zum Christentum bei ihrer Ankunft in Argentinien im 16. Jahrhundert.

8 Carlos Pellegrini
Als Präsident führte Pellegrini das Land 1890 durch eine schwere finanzielle Krise. Das Grabmal zeigt Pellegrini, wie er auf dem Sarg sitzend Order erteilt. Die Frauen- und die Kinderfigur zu seinen Füßen stehen für die Republik und ihre Zukunft.

9 William Brown
Browns Ruhm als Begründer der argentinischen Marine wird im Tod überschattet vom tragischen Schicksal seiner Tochter: Sie ertränkte sich nach dem Tod ihres Verlobten. Auch ihre Asche ruht hier.

10 Ehrenmal der in der Revolution von 1890 Gefallenen
Das Denkmal *(rechts)* erinnert an die Toten der gescheiterten Revolution. Die Skulpturen zeigen waffenschwingende Arbeiter. Mehrere Führer der Radikalen Bürgerpartei sind hier begraben.

Top 10 Buenos Aires

Ursprünge des Cementerio de la Recoleta

Der Friedhof entstand 1822 an der damals nördlichen Grenze der Stadt. Die argentinische Regierung konfiszierte das Land von den Mönchen der angrenzenden Kirche Pilar. La Recoleta war der erste öffentliche Friedhof in Buenos Aires. Auf dem Areal wurden erst befreite Sklaven und einfache Bürger bestattet, seit den 1860er Jahren ausschließlich wohlhabende Einwohner.

Am Informationsstand nahe dem Eingang sind Bücher über den Cementerio erhältlich. Der Erlös dient dem Erhalt des Friedhofs.

TOP 10 Teatro Colón

Wegen der Größe, der perfekten Akustik und der eleganten Ausstattung zählt das Teatro Colón zu den berühmtesten Opernhäusern der Welt. Für die porteños ist das klassizistische Gebäude auch Statussymbol: »Reich wie ein Argentinier« hörte man oft in den New Yorker und Pariser Straßen zur Zeit der Fertigstellung des Gebäudes 1908. Ein Besuch des Theaters versetzt in jene glanzvolle Zeit zurück. Geschichten über den Bau des Teatro Colón lesen sich wie ein Verdi-Libretto. Nach vollendeter Renovierung sind La Salas balcones und palcos wie seit über hundert Jahren jeden Abend gut besucht.

Fassade des Teatro Colón

🧭 Erkundigen Sie sich
vorab nach »El Colón
por Dos Pesos«-Kon-
zerten, bei denen
man vorzügliche
Plätze für nur zwei
Pesos erhält.

🍴 Die Confiteria El Petit
Colón *(siehe S. 57)*
bietet Cappuccino
und Desserts.

• Karte P5
• Cerrito 628
• 4378-7100
• Führungen auf Eng-
lisch: Mo–Fr 11 Uhr &
15 Uhr; Sa 9 Uhr, 11 Uhr
& 15 Uhr; So 11 Uhr,
13 Uhr & 15 Uhr (Reser-
vierung dringend emp-
fohlen); Gebühr 14 $
• www.teatrocolon.
org.ar

Top 10 Opernflair

1. Foyer
2. Salón de los Bustos &
   Salón Dorado
3. Ehrenlogen
4. Buntglaskuppel
5. La Sala
6. El Paraíso
7. Bibliothek
8. La Cúpula
9. Pasaje de los Carruajes
10. Werkstätten

1 Foyer

Neuromanische Säulen-
gänge und eine beeindru-
ckende Belle-Époque-Bunt-
glaskuppel kennzeichnen
das Foyer *(unten)*. Bei der
Gestaltung des Foyers wurden vier Arten europäischen
Marmors eingesetzt. Das
zeigt, welch hoher Wert auf
Materialien und Handwerks-
kunst der »Alten Welt« ge-
legt wurde.

2 Salón de los Bustos & Salón Dorado

Büsten von Wagner, Rossini
und Beethoven thronen
über den Köpfen der Thea-
terbesucher, wenn diese
durch das Foyer gehen. Der
barocke »Goldene Saal«
erinnert an Versailles. Hier
finden Kammerkonzerte
und Ausstellungen statt.

3 Ehrenlogen

Die über den Salón de
los Bustos zugänglichen
palcos sind Würdenträ-
gern, dem Präsidenten
und dem Bürgermeister
vorbehalten. Die *porteños*
sagen, hier werde viel Po-
litik gemacht. Besucher
können die Logen auf ge-
führten Touren besichtigen.

*Alle Preise in diesem Buch werden in Argentinischen Pesos
(Abkürzung: $) angegeben.*

Buntglaskuppel
Das große *vitreaux (oben)* im Foyer ist beeindruckend. Die beiden Kuppeln im Salón Dorado zeigen Szenen aus der griechischen Mythologie.

La Sala
In dem Saal des Teatro Colón gibt es keine schlechten Plätze. Auf den mit rotem Samt bezogenen Sitzen kommen bis zu 2500 Besucher *(rechts)* in den Genuss einer Akustik, die nur ein Theater in perfekter Hufeisenform bietet.

El Paraíso
Auf den günstigsten Plätzen ist die Akustik hervorragend. Der ironischerweise *paraíso* (Paradies) genannte Bereich bietet Stehplätze für mehr als 500 Besucher. Optimale Sicht bleibt jedoch denjenigen vorbehalten, die frühzeitig vor Ort sind.

Bibliothek
Das umfangreiche Archiv des Theaters ist öffentlich zugänglich. Es enthält Erstausgaben von Libretti, Requisiten früherer Aufführungen und viele Nachschlagewerke zu Oper und Ballett. Größte Attraktion ist die vollständige Sammlung der Programmhefte seit Eröffnung des Hauses 1908.

La Cúpula
Die Kuppel *(links)* hat einen Durchmesser von 318 Metern. Die ursprünglichen Bilder verblassten – die jetzigen stammen aus den 1960er Jahren.

Pasaje de los Carruajes
Beim Treppenaufgang des Foyers befindet sich ein enger Korridor. Bevor es in Buenos Aires Automobile gab, stiegen wohlhabende Theaterbesucher hier aus ihren Kutschen aus.

Werkstätten
In den drei Werkstätten werden Bühnenbilder und Requisiten angefertigt sowie Kostüme genäht. Darsteller proben auf der nachgebildeten Bühne *(rechts)*.

Der schwierige Weg zur Eröffnung

Von der Grundsteinlegung 1889 bis zur Eröffnung des Colón vergingen zwei Jahrzehnte: Nach dem Tod des leitenden Architekten führte dessen Assistent die Arbeit fort, bis er 1904 verstarb. Der wichtigste Finanzier wurde Opfer eines Attentats. Das Projekt fiel an einen Belgier, der dem Bau Elemente des französischen Barock hinzufügte. Das Haus eröffnete 1908 mit Verdis *Aida*.

Das Teatro Colón wurde am 25. Mai 2010, am Vorabend des 200. Jahrestags der Unabhängigkeit Argentiniens, wiedereröffnet.

Avenida de Mayo

Die prächtige Avenida de Mayo machte Buenos Aires zur Weltstadt. Der Boulevard Pariser Stils, der von ungewöhnlich breiten Bürgersteigen gesäumt wird, verbindet die Plaza del Congreso mit der Casa Rosada. Auf halber Länge kreuzt die Avenida 9 de Julio. Heute lassen einfache Läden den Glanz etwas verblassen. Die Bauten entlang dem Boulevard faszinieren nicht nur Architekturbegeisterte. Belle Époque-, Jugendstil- und Art-déco-Fassaden in unterschiedlichen baulichen Zuständen vereinen sich zu einem Bilderbuchpanorama der Architekturstile vom späten 19. bis in das frühe 20. Jahrhundert. An dem Boulevard liegen zahlreiche alteingesessene Bars, Cafés und Buchläden. Im Untergrund verläuft mit der Línea A die älteste U-Bahn-Linie der Stadt.

Casa de la Cultura

🧭 Die gesamte Avenida lässt sich bei einem entspannten Spaziergang erkunden.

🍴 Das Café Iberia (Ecke Calle Salta) lädt zu Tortilla *española* ein.

• Karte D2–F2 • Hotel Chile: Avda. de Mayo 1297; 4383-7877 • Palacio Barolo: Avda. de Mayo 1370; 4383-1065; www.pbarolo.com.ar • Castelar Hotel: Avda. de Mayo 1152; 4383-5000; www.castelarhotel.com.ar • Café Tortoni: Avda. de Mayo 825; 4342-4328; www.cafetortoni.com.ar • Café Los 36 Billares: Avda. de Mayo 1265; 4381-5696; www.los36billares.com.ar • Palacio Vera: Avda. de Mayo 767–777; 4345-8800 • Teatro Avenida: Avda. de Mayo 1222; 4381-0662; www.balirica.org.ar • Casa de la Cultura: Avda. de Mayo 575; 4323-9669; www.buenosaires.gov.ar

Top 10 Prachtboulevard

1. Edificio la Inmobiliaria
2. Hotel Chile
3. Palacio Barolo
4. Castelar Hotel
5. Café Tortoni
6. Café Los 36 Billares
7. Palacio Vera
8. Teatro Avenida
9. Edificio Drabble
10. Casa de la Cultura

1 Edificio la Inmobiliaria

Das 1910 errichtete, beeindruckende Gebäude *(oben)* auf der Plaza del Congreso wurde im Stil der italienischen Neorenaissance gestaltet.

2 Hotel Chile

Das weiß gestrichene, durch goldene und blaue Kacheln akzentuierte Hotel Chile *(rechts)* zeigt wunderbaren Jugendstil. Es ist außen hübscher als innen.

3 Palacio Barolo

Das prunkvolle Gebäude (1923) war bis zur Fertigstellung des Edificio Kavanagh *(siehe S. 34)* 1935 das höchste der Stadt. Die Lobby zieren ein Deckengewölbe, Wasserspeier, ein Bodenmosaik und schmiedeeiserne Fahrstühle.

Die Verbindung des Palacio Barolo mit Dantes Göttlicher Komödie erklärt www.pbarolo.com.ar

Castelar Hotel

Der elegante Schriftzug über dem Vordach ist Sinnbild der früheren Pracht des Boulevards. In dem 1929 eröffneten Hotel *(oben)* wohnte u. a. der spanische Schriftsteller Federico García Lorca.

Café Tortoni

Zu Kaffee werden Tango und Unterhaltung geboten. Das älteste Café der Stadt (1858; *rechts*) hat in der Geschichte von Buenos Aires große Bedeutung *(siehe S. 26).*

Café Los 36 Billares

Das elegante Café *(Mitte)* von 1894 bietet eine Movado-Uhr, Holzvertäfelung, einen Billardraum mit rauchgeschwängerter Atmosphäre, exzellenten Kaffee sowie Tango-Kurse und -Aufführungen.

Palacio Vera

Im sechsten Stock des Gebäudes sehen Besucher eine Glaskuppel und filigrane Stuckarbeiten. El Túnel und El Ventanal zählen zu den charmantesten altmodischen Buchläden der Stadt.

Teatro Avenida

Das Teatro Avenida *(rechts)* wurde 1908 zur Förderung des spanischen Musiktheaters *Zarzuela* gegründet. Nach einem Brand 1979 wurde das Haus renoviert. Heute erstrahlt es wieder in altem Glanz.

Edificio Drabble

Das Edificio Drabble (1893) beherbergte einst das vornehme Hotel Chacabuco Mansions. Heute sind die zerfallenden Balkone und Mansarden Sinnbild des launischen Schicksals der Stadt.

Casa de la Cultura

Das ehemalige Gebäude der Zeitung *La Prensa* ist neobarocken Stils. Am Informationsschalter des Kultusministeriums im Foyer sind Veranstaltungsprogramme erhältlich.

Neuer Boulevard, neuer Zeitgeist

Die Avenida de Mayo war Buenos Aires' erster vollständig geplanter Boulevard – ein Projekt, dessen Ausmaße und Kosten auf dem Kontinent bis dahin unvorstellbar waren. Torcuato de Alvear *(siehe S. 59)* verwies bei der Planung auf die Pariser Belle-Époque-Erweiterung in den 1880er Jahren, aber zur Zeit der Konstruktion dominierte bereits weltweit der Jugendstil.

Auch Nicht-Hotelgäste können das renommierte Spa des Castelar nutzen (geöffnet Mo–Fr 10–21 Uhr, Sa 8–20 Uhr).

Museo Nacional de Bellas Artes

Das herausragende Museum wurde 1896 gegründet – im Rahmen generellen Bestrebens, die schönen Künste in Argentinien zu etablieren. 1932 zog die Sammlung in das heutige Gebäude. Sie enthält mehr als 12 000 Kunstwerke, etwa 800 sind permanent ausgestellt. Nirgendwo sonst in Lateinamerika sind so viele Werke internationaler Künstler versammelt. Zu sehen ist Kunst von Rubens, Rembrandt, Goya, Rodin, Monet, Renoir, Cézanne, van Gogh, Picasso, Kandinsky, Pollock, Miró und Rothko. Zu den argentinischen Meistern zählen Antonio Berni, Cándido López, Benito Quinquela Martín und Guillermo Kuitca.

MNBA-Poster

Außenansicht des MNBA

🎧 Im Museumsshop im Erdgeschoss sind hervorragende Führer erhältlich. Außerdem kann man tragbare Audioführer in spanischer oder englischer Sprache mieten.

🍴 Hinter dem Museum liegt das elegante Restaurant Modena Design (Avda. Figueroa Alcorta 2270; 6955-5304). Es serviert leckere Snacks und Hauptspeisen. Das Restaurant besitzt eine Terrasse.

- Karte N3
- Avda. del Libertador 1473
- 5288-9900
- Di–Fr 12.30–20.30 Uhr, Sa & So 9.30–20.30 Uhr
- www.mnba.org.ar

Top 10 Sammlungen

1. Sammlung Hirsch
2. Francisco José de Goya y Lucientes
3. Bildende Künste 1940–1970
4. Präkolumbische Textilien der Anden
5. Sammlung Di Tella
6. Quirós-Sammlung
7. Argentinische Kunst (1960er Jahre): Otra Figuración
8. Skulpturenhof
9. Sammlung Mercedes Santamarina
10. Argentinische Kunst (1970er Jahre): Realismus

1 Sammlung Hirsch
Die Sammlung im Flügel der Alten Meister zeigt Werke holländischer und flämischer Maler des 16. und 17. Jahrhunderts wie Rubens und Rembrandt. Licht und Schatten in Rembrandts Portrait seiner Schwester Lisbeth *(oben)* sind brillant. Ein französischer Gobelin (1627) und ein bronzener Neptun runden die Sammlung ab.

2 Francisco José de Goya y Lucientes
Goyas Ölbilder (1808–12) der napoleonischen Kriege zeigen Schlachtszenen in trostlos grauen Landschaften. Akzente setzen allein Orange und Rot für Feuer und Blutvergießen *(unten)*.

➡ *Wenn Sie wenig Zeit haben, gehen Sie vom Haupteingang aus rechts direkt zu den Ausstellungen moderner Meisterwerke.*

3 Bildende Künste 1940–1970

In den 1960er Jahren wandten sich sozialistische Künstler Argentiniens dem Kupferstich zu. *Der Stierkämpfer (oben)* zeigt die dreidimensionale Technik Antonio Bernis.

4 Präkolumbische Textilien der Anden

Die Ausstellung zeigt Ponchos, Schals und Kopfbedeckungen der Nazca (0–600 n. Chr) und Chancay (900–1476) aus dem heutigen Peru *(rechts)*.

5 Sammlung Di Tella

Die über das MNBA verteilten Werke zeigen in den Sektionen Europäische Avantgarde und Amerikanische Abstrakte Kunst größte Wirkung.

6 Quirós-Sammlung

Die Gemälde Cesáreo Bernaldo de Quirós' idealisieren die Gauchos als letzte Bastion gegen Modernisierung und Verstädterung, so auch *Der Schlächter* und *Don Juan Sandoval (unten)*.

7 Argentinische Kunst (1960er Jahre): Otra Figuración

1961 thematisierten vier argentinische Künstler Entfremdung und gesellschaftlichen Zusammenbruch. Fragmentierte Formen stehen für Chaos.

8 Skulpturenhof

Naturalistische Skulpturen argentinischer Künstler säumen die Museumsterrasse *(rechts)*. Pedro Zonza Brianos Werk *Wachset und mehret Euch* strotzt vor Sinnlichkeit.

9 Sammlung Mercedes Santamarina

Neben den Pastellen von Degas und den Bronzeskulpturen von Rodin sind v. a. das Porzellan der Ming-Dynastie und die Gemälde Renoirs und Cézannes sehenswert.

10 Argentinische Kunst (1970er Jahre): Realismus

Kunst dieser Zeit ist geprägt von den Gräueln der Militärdiktatur. Seguís *La Distancia de Mirada* zeigt Trostlosigkeit, Heredias *Knebelungen* Terror und Zensur.

Kurzführer

Die Dauerausstellungen sind chronologisch über drei Etagen angeordnet. Der erste Stock birgt internationale Kunst vom Mittelalter bis in das 20. Jahrhundert, der zweite argentinische Kunst des 19. und 20. Jahrhunderts sowie lateinamerikanische Kunst, der dritte Fotografien und Skulpturen. Der Pavillon im Erdgeschoss dient Wechselausstellungen.

 Im Vortragsraum im zweiten Stock des Museums finden täglich Filmvorführungen statt.

TOP 10 **San Telmo**

Das reizende San Telmo ist das koloniale Herz der Stadt. Es besitzt kopfsteingepflasterte Straßen, Kolonialhäuser, spanische Kirchen und Antiquitätenläden. Die ersten wohlhabenden Bewohner verließen das Viertel während einer Gelbfieber-Epidemie 1871. Ihre Villen wurden als conventillos, als Unterkünfte für arme europäische Einwanderer genutzt. San Telmo wurde kultureller Schmelztiegel und Hochburg der Arbeiterschicht, später ein untrennbar mit dem Tango verbundenes Künstlerviertel. Frisch herausgeputzt mit schicken Lofts, edlen Restaurants und Boutique-Hotels bewahrt es doch eine bodenständige Atmosphäre.

Antiker Krug

Straßenmarkt, San Telmo

🕐 In San Telmo kann man vielerorts Tango sehen. El Viejo Almacén *(siehe S. 45)* und Bar Sur (Estados Unidos 299; 4362-6086) sind zwei der besten Tango-Lokale.

🍴 Die Bar El Federal *(siehe S. 57)* eignet sich perfekt für einen Imbiss.

• Karte F4
• Feria de Antigüedades: So 10–17 Uhr
• Museo de Arte Moderno: Avda. San Juan 350; 4342-2970; www. museodeartemoderno. buenosaires.gob.ar
• Straßenkünstler: Calle Defensa zwischen Plaza Dorrego & Avda. Belgrano
• Mercado de San Telmo: Avda. Carlos Calvo & Bolívar
• Iglesia Nuestra Señora: Avda. Humberto Primo 378
• Pasaje la Defensa: Defensa 1179

Top 10 Künstlerviertel

1. Plaza Dorrego
2. Feria de Antigüedades
3. Parque Lezama
4. Monumento Canto al Trabajo
5. Museo de Arte Moderno
6. Straßenkünstler
7. Mercado de San Telmo
8. Balkone
9. Iglesia Nuestra Señora de Belén
10. Pasaje de la Defensa

1 Plaza Dorrego

Die malerische Plaza Dorrego im Zentrum des Viertels stammt aus der Kolonialzeit. Der Platz ist von Antiquitätenläden, alten Tango-Bars und in Sepia gestalteten Cafés umringt.

2 Feria de Antigüedades

Der sonntägliche Antiquitätenmarkt *(links)* findet seit 1970 auf der Plaza Dorrego statt. Das Angebot – von Jugendstilschmuck der Jahrhundertwende bis zu Kitsch und Nippes – beinhaltet viele Schnäppchen.

3 Parque Lezama

Der Park *(rechts)*, ein beliebtes Erholungsgebiet, gilt als der Ort, an dem Buenos Aires gegründet wurde. An der nordwestlichen Ecke steht eine Statue des Stadtgründers Pedro de Mendoza.

➡ Die Buslinie 29 verbindet San Telmo mit La Boca. Auf dem Rückweg fährt man die Calle Defensa entlang bis zur Plaza Dorrego.

4 Monumento Canto al Trabajo

Das dynamische Monument (oben) zeigt muskulöse, in gemeinsamer Anstrengung vereinte Arbeiter. Es steht nahe der Facultad de Ingeniería.

5 Museo de Arte Moderno

Das MAMBA im Zentrum von San Telmos Künstlerszene zeigt moderne argentinische Kunst sowie Werke von Dalí, Matisse und Picasso.

6 Straßenkünstler

Sonntags füllen Musiker (oben) die Bürgersteige der Calle Defensa, auf dem Kopfsteinpflaster wird getanzt. Der Tango ist ein Besuchermagnet.

7 Mercado de San Telmo

Die Markthalle aus den 1890er Jahren (unten) ist unverändert. Stände mit Nippes gruppieren sich um den Lebensmittelverkauf im zentralen Hof.

8 Balkone

Die alten Balkone (unten) zeigen verschiedene Stilrichtungen: Sie sind aus Gusseisen oder besitzen Steinbalustraden. Auf vielen hängen Vogelkäfige oder Wäsche. Sie bieten Einblick in das Leben der Arbeiterschicht.

9 Iglesia Nuestra Señora de Belén

Die Kirche (1733) besitzt eine neobarocke Fassade. Die andalusischen Türme kamen 1852 hinzu. Im Inneren verweisen Heiligenstatuen und neun Altäre auf die kolonialen Wurzeln des Bauwerks.

10 Pasaje de la Defensa

Der 1872 erbaute Wohnsitz der Familie Ezeiza diente später als conventillo, in dem über 30 Einwandererfamilien gleichzeitig lebten. Heute birgt er einen Flohmarkt.

Gründung von Buenos Aires

1536 führte der Spanier Pedro de Mendoza eine Expedition zum Río de la Plata. Er baute im heutigen San Telmo eine Stadt, die er Nuestra Señora Santa María del Buen Aire nannte. Nach Angriffen durch die indigenen Querandí wurde die Siedlung 1541 aufgegeben (siehe S. 32).

Wer San Telmo nur einen Tag widmen kann, sollte das Viertel sonntags besuchen, wenn der berühmte Antiquitätenmarkt stattfindet.

🔟 Avenida 9 de Julio

Der 140 Meter breite Boulevard mit zwölf Fahrspuren erscheint – den charakteristischen Gummibäumen und holprigen Gehwegen gleich – als historischer Bestandteil der Stadt. Dennoch gehört er zu den jüngsten Projekten der Stadtplanung. Die aktuelle Länge von der Avenida Alem zur Plaza Constitución wurde 1980 erreicht. Zu Beginn des Bauvorhabens 1937 wurden Tausende umgesiedelt. Prächtige Häuser und Kirchen wie die Kathedrale San Nicolás aus dem 18. Jahrhundert wurden abgerissen. Die von vielen plazoletas durchbrochene Durchgangsstraße zieren öffentliche Kunst und einige der Hauptattraktionen der Stadt. Gespräche werden von dem halsbrecherischen Verkehr übertönt, Fußgänger können die Avenida nicht in einer Ampelphase überqueren.

Calle Levalle

🚗 **Bei einem Abstecher in die kurvenreiche Calle Arroyo sind einige der elegantesten Straßen von Retiro zu sehen.**

🍷 **In der Winery (Avda. del Libertador 500; 4325-3400) lässt sich ein Glas Malbec genießen.**

• *Karte P4–P6*
• *Französische Botschaft: Calle Cerrito 1399; 4515-7000; Di–Fr 10.30–17 Uhr, Sa & So 13.30–18 Uhr*
• *Estación Constitución: Ecke Calle Lima & Calle Brasil; 4306-7919; tägl. 24 Stunden; achten Sie auf Ihre Wertgegenstände*
• *Museo de Arte Hispanoamericano Isaac Fernández Blanco: Calle Suipacha 1422; 4327-0228; Di–Fr 14–19 Uhr, Sa & So 11–19 Uhr; Eintritt 1 $ (Do frei); www.museos.buenosaires.gov.ar/mifb.htm*

Top 10 Attraktionen

1. Obelisco de Buenos Aires
2. Französische Botschaft
3. Teatro Colón
4. Homenaje al Quijote
5. Ministerio de Desarrollo Social
6. Estación Constitución
7. Calle Levalle
8. Museo de Arte Hispanoamericano Isaac Fernández Blanco
9. Mansión Alzaga Unzué
10. Plazoleta Cataluña

1 Obelisco de Buenos Aires

Das zum 400. Jahrestag der Stadtgründung errichtete Denkmal *(Mitte)* ist Kulisse von Konzerten, Aufführungen und Kundgebungen.

2 Französische Botschaft

Proteste verhinderten den Abriss des schönen Gebäudes (1913) im Belle-Époque-Stil *(oben)*, das der Avenida 9 de Julio weichen sollte.

3 Teatro Colón

Das Gebäude *(rechts)* ist ein architektonisches Meisterwerk. Die Werkstätten aus Gusseisen und Glas ragen aus dem Hauptgebäude vor *(siehe S. 12f)*.

Der Name Avenida 9 de Julio erinnert an den Tag der Unabhängigkeit Argentiniens, den 9. Juli 1816.

4 Homenaje al Quijote

Die Statue zeigt Cervantes' großartigen Antihelden Don Quijote auf seinem Pferd. Die Bronzefigur steht auf einem weißen Steinsockel.

5 Ministerio de Desarrollo Social

Neben der Französischen Botschaft entging nur das einstige Ministerialgebäude aus dem Jahr 1936 dem Abriss.

6 Estación Constitución

Nach sechsjähriger Renovierung ist der Beaux-Arts-Komplex von 1887 *(oben)* wieder der schönste Bahnhof der Stadt.

7 Calle Levalle

Den östlichen Bereich der Straße säumen Bingohallen, schummrige Kinos und kitschige Lokale. Vor allem nach Einbruch der Dunkelheit besitzt die Straße grellen Charme.

8 Museo de Arte Hispanoamericano Isaac Fernández Blanco

Die Villa in neokolonialem Stil *(oben)* beherbergt die Sammlung Isaac Fernández Blanco mit Antiquitäten und sakraler Kunst aus der Kolonialzeit.

9 Mansión Alzaga Unzué

Das Gebäude *(links)* wurde 1919 für eine Adelsfamilie im Louis-XIII-Stil errichtet. Heute gehört es zum Four Seasons Hotel *(siehe S. 112).*

10 Plazoleta Cataluña

Den Platz kennzeichnen eine von der Stadt Barcelona gestiftete Laterne mit Brunnen sowie an französische Châteaux erinnernde Trompe-l'œil-Elemente.

Ein Spaziergang

Vom Obelisco de Buenos Aires geht es nördlich zur Calle Carlos Pellegrini. Besichtigen Sie das Teatro Colón. Die Confitería El Petit Colón *(siehe S. 57)* lädt zur Rast ein. Gehen Sie an der Französischen Botschaft vorbei zur Plazoleta Cataluña und folgen Sie der Avenida Alvear nach Recoleta.

Der Obelisk ist 67 Meter hoch. Er steht an der Stelle, an der in Buenos Aires erstmals die argentinische Flagge gehisst wurde.

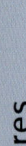
Museo de Arte Latinoamericano de Buenos Aires (MALBA)

Fast gleichzeitig mit dem Zusammenbruch der argentinischen Wirtschaft entstand in Palermo Chico ein wichtiges kulturelles Wahrzeichen: Seit September 2001 ist die Sammlung Constantini, ein vordem wandernder Fundus von über 400 wertvollen lateinamerikanischen Kunstwerken, in dem modernen, luftigen, mehrstöckigen Bau des MALBA untergebracht. Man sagt, wie das New Yorker Museum of Modern Art stelle das Gebäude die gezeigten Skulpturen, Gemälde, Dokumente und Fotografien in den Schatten. Besuchern der Dauerausstellung oder des Programmkinos erscheint das MALBA überschaubar.

Fassade des MALBA

🕐 **Bei rechtzeitiger Anmeldung erhalten Gruppen Führungen auf Englisch.**

🍽 **Das Café des Arts, das Restaurant des MALBA, serviert in hellem, modernem Ambiente internationale Gerichte. Der Food-Court des Paseo Alcorta *(siehe S.39)* bietet viele Möglichkeiten zum Mittagessen.**

- *Karte M2*
- *Avda. Figueroa Alcorta 3415*
- *4808-6500*
- *Do–Mo 12–20 Uhr (Mi bis 21 Uhr)*
- *Eintritt 22 $ (Mi 10 $)*
- *Café des Arts: tägl. 9–24 Uhr*
- *www.malba.org.ar*

Top 10 Exponate

1. Tiendamalba
2. Xul Solar – *Pareja* (1923)
3. Pablo Curatella Manes – *El Acordeonista* (1922)
4. Antonio Seguí – *La Distancia de la Mirada* (1976)
5. malba.cine
6. Guillermo Kuitca
7. Fernando Botero – *Los Viudos* (1968)
8. Antonio Berni – *Manifestación* (1934)
9. Ernesto Deira – *9 variaciones sobre un bastidor bien tensado* (1965)
10. Frida Kahlo – *Autoretrato con Chango y Loro* (1942)

2 Xul Solar – Pareja (1923)
Pareja zeigt den ideenreichen Solar *(siehe S. 88)* auf dem Gipfel seines Schaffens *(unten)*. Wärme und Licht des Bildes führten oft zu Vergleichen mit europäischen Meistern.

1 Tiendamalba
Neben Postkarten und Büchern bietet der Museumsshop ein einzigartiges Sortiment von Stoffpuppen, ledernen Kuh-Statuetten und Nippes *(unten)*.

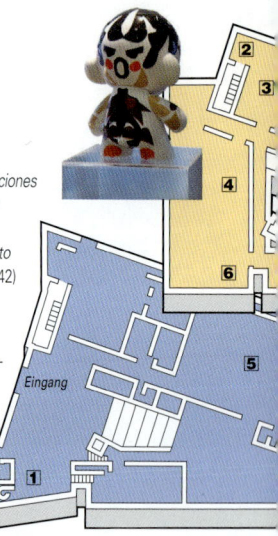

3 Pablo Curatella Manes – El Acordeonista (1922)
Bei einem Paris-Besuch in den 1920er Jahren freundete sich der Bildhauer mit Juan Gris an. *El Acordeonista* belegt den Einfluss des spanischen Kubisten.

Kleine Museen in Buenos Aires siehe S. 40f

malba.cine
Donnerstags bis sonntags besuchen Cineasten das MALBA, um internationales Programmkino, Klassiker oder einheimische Filme zu sehen *(links)*. Neben Jean-Luc Godards nachdenklichen Filmen werden Komödien von Abbot und Costello gezeigt.

Antonio Seguí – La Distancia de la Mirada (1976)
Der in Córdoba geborene Antonio Seguí würzt seine pessimistischen Gemälde mit ein wenig Humor. In *La Distancia de la Mirada* blickt eine englische Bulldogge vor einem Hintergrund aus grauen Flächen den Betrachter gleichgültig an.

Guillermo Kuitca
Guillermo Kuitca, der berühmteste zeitgenössische argentinische Künstler, arbeitete schon mit vielen Medien *(unten)*. Auf der Biennale in Venedig 2007 füllten seine Werke den Pavillon Argentiniens.

Legende
- Erdgeschoss
- Erster Stock
- Zweiter Stock

Fernando Botero – Los Viudos (1968)
Botero ist heute wegen seiner umstrittenen *Abu-Ghraib*-Serie bekannt. Berühmt wurde der Maler jedoch mit rundlichen Figuren in Bildern wie *Los Viudos*.

Antonio Berni – Manifestación (1934)
Berni war ein großer Anhänger des gesellschaftlichen Realismus. *Manifestación (unten)* zeigt seine frühere Affinität zum Surrealismus.

Ernesto Deira – 9 variaciones sobre un bastidor bien tensado (1965)
Das Gemälde auf neun Leinwänden bedeckt eine ganze Wand. Es impliziert und hinterfragt Chaos.

Frida Kahlo – Autoretrato con Chango y Loro (1942)
Das Selbstporträt steht für den mexikanischen Surrealismus. Es enthält zwei Lieblingsmotive Kahlos: Vögel und Affen.

Neue argentinische Avantgarde
Paradoxerweise erlebte die kommerzielle Kunstszene Argentiniens nach der wirtschaflichen Krise 2001/2002 einen enormen Aufschwung. Künstler bezogen die baufälligen Häuser und Lagerhallen in La Boca, Almagro und Barranca und gestalteten ihre Reaktionen auf das Chaos im Land – oft in medienübergreifender und auch in digitaler Form.

 Das MALBA lässt sich gut an einem Nachmittag erkunden.

🔟 Colonia del Sacramento, Uruguay

Colonia del Sacramento, oder schlicht Colonia, ist durch das breiteste Fluss-delta der Welt und eine Staatsgrenze von Buenos Aires getrennt. Dennoch be-stehen enge Verbindungen: Fähren von Puerto Madero setzen Besucher (mit Reisepass) über. Neben der uruguayischen Währung sind argentinische Pesos im Umlauf, Schwaden von Holzrauch mit dem Duft gegrillten Rindfleischs er-füllen die Luft. Doch gerade der Kontrast zu Buenos Aires macht den Besuch der 1680 gegründeten, einst portugiesischen Hafenstadt, einer UNESCO-Welt-erbestätte, reizvoll. Der Río de la Plata, von Buenos Aires aus nicht zu sehen, ist allgegenwärtig. In dem von Sandstränden gesäumten Fluss spiegeln sich der Leuchtturm – Wahrzeichen der Halbinsel – und die untergehende Sonne.

Portón de Campo

🚌 Gehen Sie mindestens eine Stunde vor Abfahrt zum Buque-bus-Terminal in Puerto Madero. Vor allem an den Wochenenden sind die Warteschlangen lang.

🍴 Die Restaurants in der Altstadt bieten durchweg gute Kü-che. Speisen und Ambiente im El Drug-store *(siehe S. 99)* spiegeln den Facet-tenreichtum von Pa-lermo Viejo wider.

• Karte B4
• Museen:
tägl. 11.15–16.45 Uhr;
Museumspass: 50 $
(Pesos Uruguayos);
erhältlich im Museo
Municipal an der Plaza
Mayor; der Pass ermög-
licht den Besuch aller
sieben Museen in Colo-
nia del Sacramento; Zu-
gang zum Leuchtturm ist
ausgenommen

Top 10 Stadtflair

1. Plaza Mayor
2. Museo Portugués
3. El Faro & Convento de San Francisco
4. Real de San Carlos
5. Casa Nacarello
6. Playa Ferrando
7. Iglesia Matriz
8. Calle de los Suspiros
9. Portón de Campo
10. Rambla Costanera

1 Plaza Mayor
Der von vielen Museen umgebene Platz *(oben)* bie-tet stattliche Palmen und eine Papageienkolonie. Spa-ziergänge durch die hüb-schen Straßen der Halbinsel beginnen am besten hier.

2 Museo Portugués
Das Museum in einem Gebäude von 1720 widmet sich dem portugiesischen Erbe Colonias. Es zeigt Re-pliken von Seekarten aus dem 16. Jahrhundert und historische Uniformen. Wei-tere Exponate illustrieren die Bedeutung des Deltas für den Handel mit afrika-nischen Sklaven.

3 El Faro & Convento de San Francisco
In das Gebäude des Leuchtturms (1857) sind die Ruinen eines Klosters aus dem späten 17. Jahr-hundert integriert *(unten)*.

➜ *Per ABC-Bus von der Avda. General Flores, Taxi oder Motorroller erreicht man die Strände und Real de San Carlos.*

Top 10 Buenos Aires

Real de San Carlos
4 Das einst vornehme Resort ist heute ein Schatten seiner selbst: Von der Stierkampfarena im maurischen Stil *(oben)*, dem Casino und dem Hafenbecken sind nur noch Reste zu sehen.

Casa Nacarello
5 In dem charakteristischen portugiesischen Haus *(rechts)* sind zum Teil originale Möbel aus der Mitte des 18. Jahrhunderts zu sehen. Die dunkle Küche ist auffällig.

Playa Ferrando
6 Die schönste Bucht der Gegend mit schattenspendenden Bäumen und Grillrestaurant liegt östlich des Stadtzentrums. Sie ist gut mit Motorrollern zu erreichen. Auch Taxifahrten sind günstig.

Iglesia Matriz
7 Die älteste Kirche Uruguays *(unten)* wurde 1680 erbaut. Bemerkenswert sind die schmucklose weiße Fassade und die mit wunderbaren italienischen Kacheln verzierten Zwillingskuppeln.

Calle de los Suspiros
8 Von den malerischen engen Straßen, die von der Plaza Mayor zum Fluss führen, ist die Calle de los Suspiros, die »Straße der Seufzer«, am schönsten.

Portón de Campo
9 Der von den Portugiesen erbaute Torbogen (1745) ist das einzige Relikt der ursprünglichen Stadtbefestigung. Form und Gestaltung verleihen dem Stadttor ein mittelalterliches Aussehen.

Rambla Costanera
10 Die westlich am Ufer des Río de la Plata verlaufende Straße *(links)* bietet Blick auf die nahe gelegenen Inseln. Zwei Treppen führen zu den Felsen unterhalb der Rambla. Dort kann man mittags wunderbar rasten.

Anreise
Buquebus betreibt die häufigsten Fährverbindungen nach Colonia del Sacramento. Ticketschalter und Terminal liegen am nördlichsten Punkt von Puerto Madero (Avda. Antártida Argentina 821; 4316-6500; www.buquebus.com). Katamarane benötigen eine Stunde. Die Passagiere reisen unter Deck. Die *Eladia Isabel* bietet eine gemächliche Anreise: Die dreistündige Überfahrt kann man bequem auf dem Deck des Schiffes verbringen.

Mehr über Colonia del Sacramento **www.coloniaturismo.com**   25

🔟 Tango

Nichts repräsentiert das vor Leben sprühende Buenos Aires so gut wie der Tango – der leidenschaftliche, ausdrucksvolle Tanz, der in der Stadt entstand. Die meisten Quellen lokalisieren den Ursprung am Flussufer in La Boca, wo in den 1880er Jahren Einwanderer aus Mittelmeerstaaten, Westafrika und Osteuropa in den bordellos – unter anderem – tanzten, sangen und Gitarre spielten. Schnell eroberte der Tango die Salons der Stadt. Als er in die Metropolen Europas einzog, schloss er Instrumente wie Piano und bandoneón sowie theatralische, schwierige Tanzschritte ein. Heute wird der Tango als ureigene Kreation der Porteños angesehen. In Buenos Aires lässt sich der Tanz in der Form erleben, wie er sich in über 120 Jahren in seiner Heimatstadt entwickelt hat.

Tango-Musiker

- *Confitería Ideal: Karte Q6; Calle Suipacha 380; 5265-8069*
- *La Nacional: Karte D2; Calle Adolfo Alsina 1465;*
- *Café Tortoni: Karte Q6; Avda. de Mayo 825; 4342-4328*
- *Zivals: Karte N6; Avda. Callao 395; 5128-7500*
- *La Botica del Angel: Karte D2; Calle Luis Saénz Peña 541; 4384-9396*
- *Chiquín: Karte Q6; Tte. Gral. Juan Domingo Perón 920; 4394-5004*
- *Piazzolla Tango: Karte Q6; Calle Florida 165; 4344-8200*
- *Mansión Dandi Royal: Karte E3; Calle Piedras 922; 4361-3537*
- *Cementerio la Chacarita: Calle Guzmán 680; 4553-9338*
- *Comme il Faut: Karte P5; Calle Arenales 1239; 4815-5690*

Top 10 Tango-Fieber

1. Confitería Ideal
2. La Nacional
3. Café Tortoni
4. Zivals
5. La Botica del Angel
6. Chiquín
7. Piazzolla Tango
8. Mansión Dandi Royal
9. Cementerio la Chacarita
10. Comme il Faut

1 Confitería Ideal

Der altehrwürdige Salon *(unten)* gehört immer noch zu den lebendigsten der Stadt. Er wirkt ein wenig schäbig, bezieht aber gerade daraus romantischen Charme. Im oberen Stockwerk gibt es Tango-Kurse, exzellente Live-Musik und hervorragenden Kaffee.

3 Café Tortoni

Die Nennung des Tortoni *(Mitte)* war für Liedtexter Pflicht: Das Café war zur Blütezeit des Tangos in den 1920er Jahren »Büro« von Komponisten und Musikern. Es bietet Tanz und Live-Musik.

2 La Nacional

Der beliebte, mittwochs veranstaltete Tango-Abend *(milonga)* in dem renovierten, historischen italienischen Club in Montserrat *(rechts)* verhalf dem gemeinschaftlichen, alltäglichen Aspekt des Tanzes zu neuer Bedeutung.

Erfragen Sie die Öffnungszeiten der Veranstaltungsorte unter den angegebenen Rufnummern.

4 Zivals

Wenn ein Tango je aufgezeichnet wurde, ist der Tonträger vermutlich bei Zivals *(oben)* erhältlich. Das Sortiment ist verwirrend, doch das Personal berät echte *aficionados* ebenso gern wie alle, die nie ein *bandoneón* gesehen haben.

5 La Botica del Angel

Die in dem Museum in Montserrat *(rechts)* ausgestellten Tango-Erinnerungsstücke reichen von kitschig bis elegant.

6 Chiquín

Gardel *(siehe S. 28)* sang einst im Gastraum des Restaurants von 1905. Heute finden jeden Abend Tango-Vorführungen statt.

7 Piazzolla Tango

Der Name des gehobenen Lokals in der Galería Güemes *(siehe S. 39)* erinnert an den großen Tango-Komponisten. Es bietet abends Shows.

8 Mansión Dandi Royal

Die *milongas (oben)* in dem einzigartigen Hotel kann jeder besuchen. Die Mansión Dandi Royal besitzt drei Tanzsäle. Bilder und Einrichtung beschwören die Glanzzeit des Tangos herauf.

9 Cementerio la Chacarita

Hier sind Legenden wie Carlos Gardel *(links)* und Osvaldo Pugliese begraben. Einer Tradition des Stadtteils Chacarita folgend, legen Besucher eine glimmende Zigarette in die Hand der Statue Gardels.

10 Comme il Faut

Tango-Experten aus aller Welt kennen Comme il Faut *(rechts)* als den besten Tanzschuhmacher. Falls spontan kein Personal frei ist, kann man für die Anprobe einen Termin vereinbaren.

Solo Tango TV

Solo Tango, ein Kanal, der sich Musik, Filmen und der Geschichte des Tangos widmet, ist über das Internet zugänglich. Der Sender besitzt umfangreiches Archivmaterial und die Rechte an allen neun Gardel-Filmen. Oft sehen Zuschauer beim Einschalten den Sänger, wie er in fremden Städten, ländlichen *estancias* und vornehmen Ballsälen romantischen Zauber verbreitet (www.tangocity.com; CableVision, Kanal 71).

Weitere Tango-Clubs & Milongas siehe S. 44f

Links **Gotan Project** Rechts **Astor Piazzolla**

TOP 10 Tango-Künstler

1 Carlos Gardel (1890–1935)
»Carlitos« wird immer Botschafter des Tangos bleiben. Der Fedora tragende *Porteño* schuf Hunderte Lieder über verlorene Liebe, Kränkung und umworbene Frauen. Sein 70. Todestag wurde in vier Ländern begangen: in Argentinien, Kolumbien, Frankreich und Uruguay.

2 Astor Piazzolla (1921–1992)
Der große Komponist führte den Tango – manche sagen gegen dessen Natur – in das Jazz-Zeitalter. Piazzolla war Vorreiter des Tango-Jazz-Quintetts und holte amerikanische Jazz-Größen zum Tango. Sein bekanntestes Stück ist der dramatische *Libertango*.

3 Juan Carlos Copes (geb. 1931)
Der einflussreiche Choreograph führte Messerkämpfe, Hafenszenen und *Bordello*-Besuche in Tango-Shows ein. Er verlieh dem Tanz die heute unverkennbare Theatralik.

4 Aníbal Troilo (1914–1975)
»Pichuco«, wie Troilo von Fans und Kollegen genannt wurde, war der Meister des *bandoneón*. Nach dem aus der Konzertina entwickelten Handzuginstrument richten sich die modernen komplizierten Tango-Schritte.

5 Osvaldo Pugliese (1905–1995)
Der Pianist und Komponist und seine Orchester wurden von Radio Mundo gespielt. Der staatliche Sender verhalf Puglieses Musik und seiner kommunistischen Haltung unter Perón *(siehe S. 32f)* zu landesweiter Aufmerksamkeit.

6 Horacio Ferrer (geb. 1933)
Ferrers Bücher dokumentieren die Geschichte des Tangos und seiner Formen. Die größte Errungenschaft sind jedoch seine Texte – surreal und inbrünstig wie die Kompositionen Piazzollas, die sie begleiten.

7 Azucena Maizani (1902–1970)
Die *Canción*-Stimme der 1920er und 1930er Jahre kleidete sich gelegentlich nach der »Macho«-Art ihrer männlichen Kollegen. Sie spielte in Filmen mit Gardel und sang auf Tourneen, die sie bis nach New York führten.

Juan Carlos Copes in einer Aufführung an der Sorbonne

Astor Piazzolla verließ wegen der Kritik an seiner Musik das Land. Später belebte sein Tango Nuevo den Tanz in Argentinien neu.

La Cumparsita

Zum Leidwesen der *Porteños* stammt die wohl berühmteste Tango-Melodie *La Cumparsita* aus Montevideo in Uruguay. Dort überreichte im Jahr 1917 ein armer Architekturstudent die damals noch ungehörte Partitur anonym einem Dirigenten. Erst als der Student später in Paris seine Komposition hörte, erkannte er seinen kapitalen Fehler: Er hatte die Rechte an seinem Stück für gerade einmal 20 Pesos verkauft.

Der große Gardel

Carlos Gardel mag unter den Stimmen des frühen 20. Jahrhunderts weniger berühmt sein als Edith Piaf oder Al Jolson, in Argentinien wird er jedoch auf eine Art verehrt, die jeden Elvis-Kult in den Schatten stellt. Gardel verband Texte über Betrug, Trunkenheit und Buenos Aires mit den gefühlvollen Gitarrenklängen des Tangos. Er wurde vermutlich 1890 als Charles Romuald Gardès im französischen Toulouse geboren, einige Quellen nennen Uruguay als Heimat. Sicher ist, dass Gardel in dem Viertel Abasto in Buenos Aires aufwuchs. Die dortigen Straßenhändler und Gauner boten reichlich Inspiration für seine Lieder. Das von Gardels Charme bezauberte europäische Publikum stärkte das Ansehen des Tangos bei Buenos Aires' Oberschicht. Gardel starb 1935 bei einem Flugzeugunglück. Die Tragödie machte ihn zur Legende.

Poster des Tango-Stars Carlos Gardel

Casimiro Ain (1882–1940)

Gardel hätte niemals Europa erobert, wäre nicht der Tänzer Casimiro Ain 1904 in den Pariser Theatern aufgetreten. Der Sohn eines Milchmanns aus Buenos Aires bezauberte das Publikum mit der damals unbekannten Kunstform, die er *Tango criollo* (»kreolischer Tango«) nannte. Bei einem späteren Paris-Besuch konnte Ain die Erzbischöfe davon überzeugen, dass Tango kein sündiger Tanz ist.

Carlos Saura (geb. 1932)

Der spanische Regisseur und Choreograph ist vor allem für seine *Flamenco*-Trilogie berühmt. Der Film *Carmen* (1983) zeigt den Flamenco-Star Antonio Gades in der Hauptrolle. Sauras höchst konzeptionelles, international aufgeführtes, kontroverses Werk *Tango* (1998) förderte die weltweite Renaissance des Tanzes.

Gotan Project

Die unkonventionelle Gruppe besteht aus *Porteños* und Pariser Musikern. Sie spielt Electrotango, der Elemente und Rhythmen von Hip-Hop und Dub mit sinnlichem Gesang und dem *bandoneón* verbindet. Das erste Album *La Revancha del Tango* ist das wirkungsvollste. Der Bandname ist ein Wortspiel aus dem Lunfardo und durch Silbenvertauschung aus dem Wort Tango entstanden.

Links **Bombardierung der Plaza de Mayo** Rechts **Cacerolazo im Dezember 2001**

📷10 Etappen der Geschichte

1 1536: Pedro de Mendoza gründet Buenos Aires

Der spanische Forscher segelt mit einer 1600 Mann starken Expedition den Río de la Plata hinauf. Er gründet die Siedlung Nuestra Señora Santa María del Buen Aire. Diese wird wegen Hungersnot und Angriffen der indigenen Querandí 1541 aufgegeben und 1580 wiedergegründet.

2 1810: Mai-Revolution

In Buenos Aires beginnt die Lösung der Region von Spanien. Am 25. Mai 1810 wird der spanische Vizekönig von einer revolutionären Junta gestürzt. General José de San Martín führt den folgenden Krieg, der 1816 mit der Unabhängigkeitserklärung endet.

3 1877: Lieferung gefrorenen Rindfleischs nach Europa

Die Verschiffung tiefgefrorener Ware macht Argentinien zu einer der reichsten Nationen der Welt. Das kräftige Wirtschaftswachstum ermöglicht die Umgestaltung von Buenos Aires nach europäischem Vorbild. Neue Parks, Plazas und Villen machen die Stadt zum »Paris Südamerikas«.

4 1917: Carlos Gardel spielt »Mi Noche Triste« ein

Seit den 1890er Jahren ist Tango die Musik der Slumbewohner der Stadt. 1917 bewirkt die erste Aufnahme eines gesungenen Tangos den Umschwung: Gardel wird Weltstar und macht die Musik in Paris salonfähig.

5 1952: Tod von Eva María Duarte de Perón

1946 revolutioniert Juan Domingo Perón Argentinien: Er gewinnt die Unterstützung der armen Bevölkerung der Städte und startet eine politische Bewegung zur Hegemonialmacht. Seine zweite Frau »Evita« ist Schlüssel seiner Popularität. Sie wird von den Mittelosen überaus verehrt. Ihr Tod 1952 löst so große nationale Trauer aus, dass die Feierlichkeiten um vier Tage verlängert werden.

Präsident Juan Domingo Perón mit seiner Frau Eva

6 1955: Bombardierung der Plaza de Mayo

Nach 1952 sorgt Peróns Regime für Unruhe: Büros der Opposition werden zerstört, Zeitungen geschlossen, die katholische Kirche wird angegriffen. 1955 droht Perón seinen Gegnern mit Bürgerkrieg. In der

Vorhergehende Doppelseite **Lobby des Museo de Arte Latinoamericano de Buenos Aires (MALBA)**

Diego Maradona

»Befreiungsrevolution« bombardiert die Luftwaffe die Plaza de Mayo und entmachtet Perón.

1983: Rückkehr der Demokratie

Die Militärdiktatur (1976–83) lässt das Land verrohen. Linke Guerrillas werden ausgeschaltet, mutmaßliche Staatsfeinde verhaftet, in versteckten Lagern gefoltert und getötet. Auf die Niederlage Argentiniens im Falklandkrieg 1983 folgt eine Zivilregierung.

1986: Weltmeisterschaft

Argentiniens Sieg bei der Fußballweltmeisterschaft 1986 ist Balsam für das sich von der Militärdiktatur erholende Land. Diego Maradona *(siehe S. 58)* wird zur neuen Identifikationsfigur.

1992: Bombenanschlag auf die israelische Botschaft

Bei dem Anschlag auf die Botschaft von Israel sterben 29 Menschen. Im Jahr 1994 fordert der antisemitische Angriff auf die *Asociación Mutual Israelita Argentina* (AMIA), ein jüdisches Kulturzentrum, 85 Menschenleben.

2001: Dezember-Cacerolazo

Die Auslandsverschuldung der 1990er Jahre gipfelt 2001 im Crash. Der Staat behält Privatvermögen ein. Präsident Fernando de la Rúa tritt zurück, als Massenaufstände 27 Leben fordern.

Top 10 Literaten

1 Jorge Luis Borges (1899–1986)

Der berühmte Literat verfasste *Das Aleph* und *El Milagro Secreto* (siehe S. 59).

2 Adolfo Bioy Casares (1914–1999)

Das bekannteste Werk des großen Schriftstellers ist *Morels Erfindung*.

3 Victoria Ocampo (1890–1979)

Die Feministin gründete 1931 die Zeitschrift *Sur*.

4 Tomás Eloy Martínez (1934–2010)

Martínez schrieb die historischen Romane *Santa Evita* und *La Novela de Perón*.

5 Julio Cortázar (1914–1984)

Von Cortázar stammt der experimentelle Roman *Rayuela*.

6 José Hernández (1834–1886)

Hernández ist Autor des Epos *Martín Fierro*.

7 Domingo Faustino Sarmiento (1811–1888)

Er schuf den »ersten« argentinischen Roman *Facundo*.

8 Manuel Puig (1932–1990)

Puig verfasste Romane der Popkultur, darunter *Der Kuss der Spinnenfrau*.

9 Ernesto Sábato (geb. 1911)

Der Autor von *Der Tunnel* erstellte auch *Nunca Más*, den offiziellen Bericht über Übergriffe der Diktatur von 1976 bis 1983.

10 Jacobo Timerman (1923–1999)

Prisoner Without a Name, Cell Without a Number protokolliert die eigenen Erfahrungen des Autors im »Schmutzigen Krieg«.

Links **Canal 7** Mitte **Biblioteca Nacional** Rechts **Automóvil Club Argentina**

TOP 10 Beeindruckende Bauwerke

1 Edificio Kavanagh

Das Art-déco-Wahrzeichen ist eines der elegantesten Bauwerke in Buenos Aires. Bei der Fertigstellung 1936 war es das höchste Gebäude Argentiniens. Die Gestaltung in Form eines Dreiecks, dessen Spitze eine Straße in zwei Arme teilt, ist einzigartig. ✎ *Karte Q5 • Calle Florida 1065*

2 Palacio de las Aguas Corrientes

Das viktorianische Gebäude birgt eines der unterhaltsamsten Museen der Stadt, das Wasserhähne aus Messing, Toiletten und andere Klempner-Utensilien aus dem frühen 20. Jahrhundert zeigt. Den Córdoba-Eingang zieren in Terrakotta gearbeitete Pflanzenmotive. ✎ *Karte N5 • Calle Riobamba 750 • 6319-1104 • kostenlose Führungen (spanisch): Mo, Mi & Fr 11 Uhr*

3 Palacio Barolo

Der Palacio Barolo wurde von Dantes *Göttlicher Komödie* inspiriert: Die 100 Meter Bauhöhe spiegeln die Anzahl Gesänge, die 22 Stockwerke entsprechen deren üblicher Verszahl. Den Bogengang in der Lobby zieren Drachenköpfe und Darstellungen des Fegefeuers *(siehe S. 14).*

4 Biblioteca Nacional

Das Gebäude der argentinischen Nationalbibliothek ist das herausragende architektonische Werk in Palermo Chico. Das Bauwerk wurde 1992, drei Jahrzehnte nach Beginn der Arbeiten, fertiggestellt. Es beherbergt drei Millionen Bände. Besucher benötigen einen Lichtbildausweis, um in den Lesesaal zu gelangen, der eine atemberaubende Aussicht bietet. ✎ *Karte N3 • Plaza Rubén Darío, Calle Agüero 2502 • 4808-6000 • Mo–Fr 9–21 Uhr, Sa & So 12–19 Uhr • www.bn.gov.ar*

5 Banco Hipotecario Nacional

Die an Schweizer Käse erinnernde Fassade des außergewöhnlichen Gebäudes ist die genaue Realisierung eines rationalistischen Entwurfs der 1960er Jahre. ✎ *Karte Q6 • Calle Reconquista 101*

6 Confitería El Molino

Das einstige Tango-Lokal gegenüber dem Kongressgebäude erinnert an die Kaffeehauskultur von Buenos Aires. Es ist seit den

Palacio Barolo

Mehr über das Edificio Kavanagh www.buenosairesluxury.com

1990er Jahren geschlossen. Der Name geht auf den Windmühlenturm zurück, der dem des Moulin Rouge ähnelt. Viele der italienischen *vitreaux* sind noch intakt. ✆ *Karte D1 • Ecke Avda. Rivadavia & Avda. Callao*

Floralis Genérica

Automóvil Club Argentina

Den Hauptsitz des Automobilclubs Argentiniens, ein Paradebeispiel formeller Architektur, entwarf der einheimische Architekt Alejandro Bustillo. Einige der Oldtimer in der Ausstellung auf Höhe der Lobby besitzen historischen Wert. ✆ *Karte N3 • Avda. del Libertador 1850 • 4801-1837 • Mo–Fr 10–17.30 Uhr • www.aca.org.ar*

Sociedad La Rural

Seit 1878 bietet La Rural in Palermo Pampa-Atmosphäre: Die jährliche Landwirtschaftsmesse *(siehe S. 42f)* lockt Aussteller und Besucher aus dem ganzen Land. Opera Pampa ist eine Dinnershow mit mittelalterlicher Reitkunst und Shopping-Gelegenheit. ✆ *Karte L2 • Avda. Sarmiento 2704 • 4777-5500 • Opera Pampa: 4777-5557; Do, Fr & Sa 20 Uhr; Eintritt • www.la-rural.com.ar*

Canal 7

Das Dach des bekanntesten staatlichen Fernsehsenders ist zugänglich. Der Betongarten im Bauhausstil kontrastiert mit dem üppigen Grün der Plaza de Uruguay auf der anderen Straßenseite. In der Eingangshalle

stellen argentinische Künstler oft Werke aus. ✆ *Karte N3 • Avda. Figueroa Alcorta 2977 • 4808-2500 • Mo–Fr 10–18 Uhr • www.canal7.com.ar*

Floralis Genérica

Mit der Installation des Werkes 2002 beförderte der argentinische Bildhauer Ecuardo Catalano die öffentliche Kunst der *Porteños* in das Zeitalter der Technik. Die gigantischen Blätter der »Blume« aus Aluminium und Stahl öffnen sich um acht Uhr morgens und schließen sich in der Abenddämmerung. An Feiertagen »blüht« sie rund um die Uhr. ✆ *Karte N3 • Plaza Naciones Unidas, Avda. Figueroa Alcorta & Calle Austria*

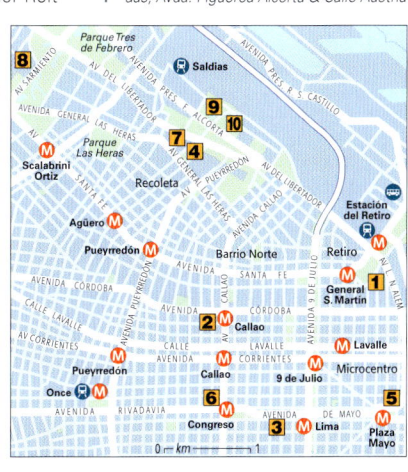

Floralis Genérica ist 23 Meter hoch. Bei geschlossenen Blütenblättern beträgt der Durchmesser 16 Meter, bei geöffneten 32 Meter.

35

Links **Plaza Lavalle** Rechts **Parque Las Heras**

Plätze & Parks

1 Plaza Rodríguez Peña
Jeden Herbst verwandeln blühende Jacarandabäume die Wege und Rasenflächen der Plaza in einen herrlichen violetten Blütenteppich. Der Platz ist eine Augenweide. Nach einer Shopping-Tour bietet die nicht weit von der geschäftigen Kreuzung der Avenidas Santa Fe und Callao gelegene Oase der Ruhe Entspannung. ✪ *Karte N5 • Barrio Norte*

2 Plaza Lavalle
Die Plaza Lavalle ist einer der ältesten Plätze der Stadt. Zu den bedeutenden Gebäuden ringsum gehören das Teatro Colón *(siehe S. 12f)* und der Palacio de Justicia (Justizpalast). Im Nordwesten steht die größte Synagoge der Stadt, der Templo Libertad.
✪ *Karte P5 • Barrio Norte*

3 Plaza San Martín
Der Platz ist nach dem argentinischen Unabhängigkeitskämpfer José de San Martín benannt. Wochentags besuchen sonnenhungrige Büroangestellte und verliebte Paare das große, schöne Areal. In der Mitte steht ein herrlicher, 200 Jahre alter Gummibaum. Die breite Altane östlich des Baumes bietet Blick auf Retiro. Auf dem Platz befinden sich außerdem ein Denkmal zu Ehren der im Falklandkrieg 1982 gefallenen argentinischen Soldaten und eine Bronzestatue von General San Martín *(siehe S. 81)*.

4 Plaza Vicente López
Die bezaubernde Plaza erinnert an die eleganten Plätze in Paris und London. Einst wurden hier die blutigen Kadaver aus dem Schlachthaus von Recoleta gelagert. Heute wird der von Wegen durchzogene Platz mit den gepflegten Rasenflächen und tropischen Bäumen von Vogelgezwitscher erfüllt – ein perfekter Ruheort. Es gibt auch einen Kinderspielplatz. ✪ *Karte P4 • Recoleta*

5 Jardín Botánico Carlos Thays
Buenos Aires' Botanischer Garten vereint hohe Gartenbaukunst mit unberührter Natur. Die von dem französischen Landschaftsarchitekten Carlos Thays gestaltete Anlage wurde 1898 eröffnet. Zwischen den über 5500 Pflanzen aus aller Welt stehen klassizistische Statuen und Brunnen.
✪ *Karte L3 • Palermo*

Jardín Botánico Carlos Thays

Im Jardín Botánico finden an den Wochenenden kostenlose kulturelle Veranstaltungen wie z. B. Tango-Vorführungen statt.

6 Plazoleta Carlos Pellegrini

Das beeindruckende Denkmal aus Marmor und Bronze im Zentrum des Platzes schuf der französische Bildhauer Félix Coutan 1914. Es zeigt den Präsidenten Carlos Pellegrini von Allegorien des Fortschritts flankiert. Die Republik steht schützend über dem Präsidenten. ◈ *Karte P4* • *Recoleta*

Plaza Serrano

7 Parque Las Heras

Der Park ist eine kühle Oase im Zentrum Palermos. Der grasbedeckte Hang im Norden des Areals, der zur Avenida Las Heras hinunterführt, ist eine beliebte Liegewiese für spärlich bekleidete, sonnenbadende *Porteños*. ◈ *Karte M3* • *Palermo*

8 Plaza Mitre

Der abschüssige Platz führt zur Avenida Libertador. Er bietet schöne Sicht über die Parks von Recoleta Richtung Retiro. Den Sockel des Denkmals von Bartolomé Mitre, dem ersten Präsidenten der Argentinischen Republik (1862) und Gründer der Zeitung *La Nacion*, schmücken allegorische Figuren. ◈ *Karte N4* • *Recoleta*

9 Plaza Francia

Der samstags und sonntags auf dem Platz neben dem Cementerio de la Recoleta stattfindende größte Kunsthandwerksmarkt von Buenos Aires lockt Straßenkünstler, Kunsthandwerker, Kunstfreunde und Urlauber. Von 15 bis 18 Uhr herrscht Hochbetrieb. Ein Besuch macht viel Vergnügen. ◈ *Karte N3* • *Recoleta*

10 Plaza Serrano

Der offizielle Name, Plaza Julio Cortázar, erinnert an den argentinischen Schriftsteller. Am Wochenende stellen Designer auf dem Kunstmarkt, der auf dem kleinen runden Platz im Zentrum Palermo Viejos stattfindet, aus. Die Plaza ist gesäumt von Ateliers, Modeläden und Bars, die sich abends für einen Drink anbieten. ◈ *Karte K3* • *Palermo*

Links **Casa López** Mitte **Ladenschild von Plata Lappas** Rechts **El Boyero**

Kunsthandwerksläden

1 Kelly's

Der seit über 50 Jahren bestehende Kunsthandwerksladen in Retiro bewahrte schon viele Urlauber davor, Buenos Aires ohne Souvenir zu verlassen. Er bietet einheimische Lederwaren und von der Pampa inspirierte Gemälde, vor allem aber *Mate*-Sträucher in jeder denkbaren Größe zu unterschiedlichen Preisen. ◈ *Karte Q5 • Calle Paraguay 521 • 4311-5712 • Mo–Fr 10–20 Uhr, Sa 10–15 Uhr*

2 Mission

Inmitten der trendigen Boutiquen und schicken Restaurants an der Plaza Serrano verströmt Mission Pampa-Flair. Erhältlich sind Lederhandtaschen, Holzmöbel und Steakmesser nach Gaucho-Art. Patchwork-Rindsleder-Teppiche werden maßgefertigt. ◈ *Karte K3 • Pasaje Russell 5009 • 4832-3285 • tägl. 11–19 Uhr*

3 Casa López

Für viele *Porteñas* ist Casa López die einzig wahre Adresse, um eine Lederhandtasche zu erwerben. Der Laden bietet elegante handgefertigte Modelle in vielen Stilrichtungen. In Nr. 658 ist edle Ledermode erhältlich – von Kombinationen aus Rock und Jacke bis zu langen Mänteln. ◈ *Karte Q5 • Calle Marcelo T. de Alvear 640 • 4311-3044 • Mo–Fr 9–20 Uhr, Sa & So 10–18.30 Uhr • www.casalopez.com.ar*

4 Plata Lappas

Plata Lappas verkauft erlesene Silberwaren wie Champagnerkühler und -kelche. Porzellan und silberverzierte Kalebassen aus Rinderhorn gehören ebenfalls Sortiment. ◈ *Karte Q5 • Calle Florida 740 • 4325-9568 • Mo–Fr 9–20 Uhr, Sa 8.30–13 Uhr • www.lappas.com*

5 El Boyero

Das Angebot umfasst Los-Robles-Beuteltaschen und Accessoires, handgearbeitete Gaucho-Messer, lederne Weinflaschenbehälter und Tornister. ◈ *Karte Q5 • Calle Florida 953 • 4312-3564 • Mo–Sa 9–20.30 Uhr • www.elboyero.com*

Kunsthandwerk bei Kelly's

6 Joyería Contemporánea Paula Levy – Viviana Carriquiry

Der gemeinsame Verkaufsraum der Juweliere bietet avantgardistischen Silberschmuck zu vernünftigen Preisen. Halsketten, Armbänder und Anhänger erhalten in der Werkstatt im oberen Stock den gewagten, einzigartigen Stil. ◈ *Karte K3 • Calle Nicaragua 4519 • 4833-7430 • Di–So 11–20 Uhr*

Paula Levy – Viviana Carriquiry

Paula Levy – Viviana Carriquiry im Internet
www.paulalevyjoyas.com.ar & www.vivianacarriquiry.com.ar

Gürtel, Ramos Generales

La Vitrina
La Vitrina ist die beste Adresse für Kunsthandwerk in Retiro. In dem unprätentiösen Laden kann man echte Schnäppchen machen, vor allem bei den gewebten Wandbehängen und der Kinderbekleidung. ◎ *Karte Q5 • Calle Marcelo T. de Alvear 566 • 4313-7488 • tägl. 10.30–19 Uhr*

Estación Sur
Ob silberne Kerzenhalter, hölzerne Figurinen oder breitkrempige Lederhüte: Bei den auf drei Etagen ausgestellten 300 Produkten argentinischer Kunsthandwerker wird man sicher fündig. Die handgefertigten Ledersättel sind hervorragend. ◎ *Karte Q5 • Calle Florida 680 • 4328-7189 • tägl. 10–20 Uhr*

Ramos Generales
Der Laden bietet die erlesenste Auswahl an Kunsthandwerk in der Stadt. Neben Lederwaren und Alpaka-Pullovern sind Lederhüte und die traditionellen Filzhüte der Gauchos erhältlich. ◎ *Karte Q5 • Galerías Larreta, Calle Florida 971 • Mo–Sa 10–18 Uhr*

Isaac Katz
Isaac Katz integriert Halbedelsteine in wunderbare Silberringe und filigrane Anhänger. Die Modelinie seiner Frau, die ebenfalls im Laden präsentiert wird, lädt gleichermaßen zum Stöbern ein. ◎ *Karte K3 • Pasaje Russell 5027 • 4833-7165 • Mo–Sa 10–20 Uhr*

Top 10
Shopping-Center

Galerías Pacífico
Hier findet man jeden Luxus-Haushaltsartikel. ◎ *Karte Q5 • Línea B Florida 61–62 & 93*

Abasto Shopping
Es gibt 230 Läden, ein Kino mit zwölf Sälen, einen Food-Court und einen Vergnügungspark. ◎ *Karte L6 • Avda. Corrientes 3247 • 4959-3400*

Alto Palermo
Alto Palermo ist das eleganteste Shopping-Center der Stadt. ◎ *Karte M4 • Avda. Santa Fe 3253 • 5777-8000*

Buenos Aires Design
Die Mall bietet hochwertige Haushaltswaren. ◎ *Karte N3 • Ecke Avda. Pueyrredón & Calle Azcuenaga • 5777-6000*

La Rural
Hier findet man gute Gaucho-Silbermesser und lederne Satteltaschen *(siehe S. 88).*

Galería Bond Street
Geboten werden Tattoos, Piercings sowie Skateboard- und Club-Outfits. ◎ *Karte N5 • Avda. Santa Fe 1670*

Patio Bullrich
Die eleganteste Mall der Stadt beherbergt ca. 1860 Läden. ◎ *Karte P4 • Avda. del Libertador 750 • 4814-7400*

Paseo Alcorta
Verkauft werden einheimische Marken. ◎ *Karte M2 • Calle Salguero 3172 • 5777-6500*

Galería Güemes
Die eleganten Arkaden bieten das Piazzolla Tango *(siehe S. 27)* und viel *Porteño*-Flair. ◎ *Karte Q6 • Calle Florida 165 • 4331-3041*

Galería 5ta Avenida
Die Läden bieten Secondhand-Retro-Mode und Lederwaren. ◎ *Karte P5 • Avda. Santa Fe 1270 • 4816-0451*

Links **Museo de la Deuda Externa** Rechts **Bücherregal im Museo Casa de Ricardo Rojas**

TOP 10 Kleine Museen

1 Fundación Forner-Bigatti

In dem schlichten weißen Haus erhalten Besucher Einblick in das Werk der einheimischen Avantgarde-Künstler Raquel Forner und Alfredo Bigatti. In den ehemaligen Werkstätten und im Garten sind Fotos, Gemälde und Skulpturen ausgestellt. ⬡ *Karte F3*
• *Calle Bethlem 443* • *4362-9171*
• *Öffnungszeiten tel. erfragen*
• *www.forner-bigatti.com.ar*

2 Colección de Arte Amalia Lacroze de Fortabat

Das faszinierende Gebäude sticht in dem eleganten Gewerbegebiet von Puerto Madero Este hervor. Es birgt über 1000 Werke argentinischer Künstler. ⬡ *Karte R6* • *Dique 4*
• *4310-6600* • *Di–So 12–21 Uhr*
• *Eintritt* • *www.coleccionfortabat.org.ar*

3 Museo Casa de Ricardo Rojas

Das Haus wurde nach dem Tod des argentinischen Literaturprofessors 1957 im Originalzustand erhalten. Der neukoloniale Stil geht auf Rojas' Studien einheimischer Bauweise und der jesuitischer Missionen in Peru zurück.
⬡ *Karte M4* • *Calle Charcas 2837* • *4824-4039* • *Mo–Fr 10–18.30 Uhr, Sa 10–12.30 Uhr* • *Eintritt* • *www.cultura.gov.ar*

4 Museo Histórico de Cera

Das Wachsmuseum – das Steckenpferd eines Kunstprofes-

Skulptur in der Fundación Forner-Bigatti

sors – hat besonderen Charme. Es zeigt Fußballidole, Helden der Mai-Revolution *(siehe S. 32)*, Literaten u. v. m. ⬡ *Karte G6* • *Calle del Valle Iberlucea 1261* • *4301-1497* • *Mo–Fr 10–18 Uhr, Sa & So 11–20 Uhr* • *Eintritt* • *www.museodecera.com.ar*

5 Museo de la Policía Federal de Argentina

Nach Betreten des skurrilen, etwas unheimlichen Museums sehen Besucher Puppen in Polizeiuniformen. Andere Exponate beschäftigen sich mit Drogenmissbrauch und Glücksspiel. Außerdem sind Fotografien und Berichte von Mordfällen sowie die Nachbildung einer exhumierten, zerstückelten Leiche ausgestellt. ⬡ *Karte F1* • *San Martín 353 (oberste zwei Stockwerke)* • *4394-6857* • *Mo–Fr 14–18 Uhr*

Wachsfiguren im Museo Histórico de Cera

 Nach dem Literaten Ricardo Rojas ist ein Kulturzentrum der Universidad de Buenos Aires benannt www.rojas.uba.ar

6 Museo de Artes Plásticas Eduardo Sivori

Das Museum birgt eine umfangreiche, eklektische Sammlung argentinischer Malerei und Bildhauerei vom 19. Jahrhundert bis heute. Der angrenzende Skulpturengarten ist ein ruhiger, besinnlicher Ort. ⊗ *Karte L1 • Avda. Infanta Isabel 555 • 4774-9452 • Di–Fr 12–20 Uhr, Sa & So 10–20 Uhr • Eintritt (Mi & Sa frei) • www.museosivori.org.ar*

7 El Zanjón

Die Wassertunnel und Fundamente unter der Villa El Zanjón wurden in den 1980er Jahren bei Abrissarbeiten entdeckt. Heute sind die schön beleuchteten Anlagen eine charmante Attraktion in San Telmo. In den Tunnels finden Veranstaltungen statt *(siehe S. 75).*

8 Museo del Cine Pablo Ducrós Hicken

Das seit 40 Jahren bestehende Filmmuseum geht über die üblichen Ausstellungen alter Plakate hinaus. Es bietet spannende Präsentationen, die z. B. erläutern, wie argentinische Komödianten vom Theater zum Film wechselten. In Kooperation mit anderen Häusern der Stadt werden Filmreihen gezeigt. Wegen Sanierungsarbeiten ist das Museum vorübergehend umgezogen. ⊗ *Karte E6 • vorübergehend: José Salmún Feijóo 555 • 4303-2882 • Öffnungszeiten tel. erfragen • www.museodelcine.gov.ar*

9 Museo de la Deuda Externa

Das kleine, aber bedeutende Museum ist im Keller des Gebäudes der Wirtschaftswissenschaften der Universität ansässig. Es verdeutlicht die Berg-und-Talfahrt der argentinischen Wirtschaft durch die Auslandsverschuldung

Das wunderbar beleuchtete El Zanjón

2001 *(siehe S. 33)* mit eindrucksvollen Filmmontagen und Schlagzeilen. ⊗ *Karte N5 • Centro Cultural Ernesto Sábato, Calle Uriburu 763 • 4370-6105 • Mo–Fr 12–20 Uhr • Eintritt • www.uba.ar/extension/contenidos.php*

10 Museo Fragata Sarmiento

Der nach dem Gründer der argentinischen Marineschule, dem Präsidenten D. F. Sarmiento, benannte Klipper aus dem Jahr 1898 liegt heute in Dock 3. Das Schiff ist zu besichtigen. ⊗ *Karte G2 • Alicia M. Justo 900 • 4334–9386 • tägl. 10–19 Uhr • Eintritt*

Argentinische Kunst im Museo de Arte Latinoamericano de Buenos Aires (MALBA) siehe S. 22f

Links **Tango in San Telmo** Rechts **Besuchermenge auf dem Creamfields-Festival**

TOP 10 Festivals

1 Carnaval

Ein Fest der Trommeln und Tänzer: Jedes Viertel hat eine eigene Parade, die *murgas* (Karnevalsmusiker) wetteifern um den Titel der Jahresbesten. ◈ *Mitte Feb*

2 Apertura de la Opera

Anfang März geht in dem für die exzellente Akustik berühmten Teatro Colón *(siehe S. 12f)* der Vorhang für Opernaufführungen auf. Die Saison dauert bis Dezember. ◈ *www.teatrocolon.org.ar*

3 Fashion Week Buenos Aires

Zweimal jährlich, jeden März und September, präsentieren Designer vier Tage lang ihre Sommer- bzw. Winterkollektionen. In über 30 Modenschauen und mehr als 40 Ausstellungsräumen werden Trends gezeigt. ◈ *www.bafweek.com*

4 Festival Internacional de Cine Independiente

Das Festival des unabhängigen Films zeigt Produktionen aus Argentinien und der ganzen Welt. Zwölf Tage lang besuchen über 250 000 Kinoliebhaber Filme, die um den prestigeträchtigen *Gran Premio* konkurrieren. An verschiedenen Orten der Stadt finden täglich Vorführungen, Seminare und Workshops statt. ◈ *Mitte Apr*
• *www.bafici.gov.ar*

5 Feria Internacional del Libro de Buenos Aires

Die riesige Messe besuchen Autoren und Leseratten. 18 Tage lang werden an zahllosen Ständen Publikationen jedes Genres verkauft. Es werden Seminare und Lesungen veranstaltet. Doris Lessing, Paul Auster, Ray Bradbury und Tom Wolfe gehörten bereits zu den Gästen.
◈ *Ende Apr* • *www.el-libro.org.ar*

6 Quilmes Rock Festival

Das viertägige Festival findet im Estadio Monumental Antonio Vespucio Liberti am Río de la Plata statt. Zu den Stars zählten schon Aerosmith, Ozzy Osbourne, Queens of the Stone Age und Kiss. Es empfiehlt sich, Tickets frühzeitig online zu erwerben.
◈ *Jan/April* • *www.ticketek.com.ar*

7 La Rural

Die Messe lockt Landwirte aus Argentinien und aller Welt an. Die Exponate reichen von neuen

Opernpublikum im Teatro Colón

Zeiten der Festivals unterliegen Änderungen. Informationen bietet die Website des Fremdenverkehrsamts **www.bue.gov.ar**

Fashion Week Buenos Aires

Maschinen bis hin zu gentechnisch veränderten Lebensmitteln, Vieh und biologischen Produkten. Gauchos zeigen ihre Reitkunst *(siehe S. 88).* ✆ *Ende Juli*
• *www.ruralarg.org.ar*

Festival de Tango y Mundial de Baile

Während des größten Tango-Festivals Buenos Aires' (und der Welt) finden kostenlose Vorführungen, Konzerte, Kurse und Messen statt. Der achttägige Marathon endet mit einer großen Open-Air-*milonga.* ✆ *Mitte Aug*
• *www.mundialdetango.gob.ar*

Marcha del Orgullo Gay

Die Parade feiert sexuelle Vielfalt und ist zugleich Demonstration für mehr Rechte. Schwule, Lesben und Transsexuelle ziehen auf schillernden Festwagen durch die Stadt. Disco- und Dance-Beats begleiten die Orgie aus Pink, Glitzer und viel nackter Haut. ✆ *erster Sa im Nov* • *www. marchadelorgullo.org.ar*

Creamfields

Das Open-Air-Festival der Dance Music zieht jedes Jahr viele Musiker und Fans an. Einheimische DJs legen zusammen mit internationalen Größen auf. Paul Oakenfold, Groove Armada und The Prodigy traten bereits auf. ✆ *Nov* • *www.creamfieldsba.com*

Top 10 Moderne argentinische Filme

La Historia Oficial (1985)
Der Film über das Schicksal der während der Militärdiktatur *(siehe S. 33)* »Verschwundenen« ist oscarprämiert.

El Viento se Llevó lo Que (1998)
Die Komödie spielt in einem Dorf, das nur über Filme Kontakt zur Außenwelt besitzt.

Nueve Reinas (2000)
Im krisengeschüttelten Buenos Aires warten zwei Gauner auf den großen Coup.

El Hijo de la Novia (2001)
Ein Sohn, dessen Welt aus den Fugen gerät, findet überraschend Trost in der Liebe des Vaters zur kranken Mutter.

Los Guantes Mágicos (2003)
Die Tragikomödie schildert die Verlusterlebnisse und die Einsamkeit eines Taxifahrers.

Cama Adentro (2004)
Das Drama schildert die Abhängigkeit eines Aristokraten von seinem Dienstmädchen während der Krise 2001.

El Abrazo Partido (2004)
Ein junger jüdischer *Porteño* sucht nach 2001 nach seiner Identität.

La Niña Santa (2004)
Ein 16-jähriges Chormädchen erlebt die Schuldgefühle des sexuellen Erwachens.

Derecho de Familia (2005)
Ein junger Vater lotet das Verhältnis zu seinem Vater aus.

Bombón El Perro (2005)
Die Helden des Roadmovies sind ein arbeitsloser Mechaniker und sein Pitbull-Terrier.

Kritiken argentinischer Filme & Programme (auf Spanisch)
www.cinenacional.com

Links **Salón Canning** Rechts **Nuevo Salón La Argentina**

Tango-Clubs & Milongas

1 Centro Cultural Torquato Tasso

Die Abendkonzerte in dem kleinen Lokal bieten wunderbaren Live-Tango: Das Spektrum der Musiker reicht von Akkordeonspielern über Flötisten bis zu Vokalisten wie dem zeitgenössischen Star Adriana Varela. Vor den Aufführungen finden Kurse statt. Auch die sonntägliche *milonga* lohnt den Besuch. ✎ *Karte F4 • Defensa 1575, San Telmo • 4307-6506 • Eintritt • www.torquatotasso.com.ar*

2 El Querandí

In dem schön restaurierten Gebäude (1867) in San Telmo finden abends Tango-Shows statt. Die Aufführungen verbinden Tango und Theater. Sie erzählen die

Tango-Show bei El Querandí

Geschichte des Tanzes von der Entstehung in den *bordellos* über die Akzeptanz bei der Bourgeoisie bis zur Erneuerung durch Astor Piazzolla *(siehe S. 28)*. Die Atmosphäre ist gemütlich und romantisch. ✎ *Karte F2 • Perú 322, San Telmo • 5199-1770 • Eintritt • www.querandi.com.ar*

3 Tanguería El Beso

Die *milongas* in dem hübschen kleinen Lokal besuchen 18- bis 80-jährige Tänzer, Urlauber und Einheimische. Das Parkett scheint in Laternenlicht getaucht. An der hufeisenförmigen Bar gibt es Wein und hausgemachte Pasta. Donnerstags kommen viele Urlauber, die Dienstagabende sind mit elegantem Dresscode traditionell gehalten. Sonntag ist der beliebteste Abend. ✎ *Karte N6 • Riobamba 416 (1. Stock), Once • 4953-2794 • Eintritt*

4 Niño Bien

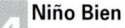

In dem Belle-Époque-Ballsaal finden traditionelle *milongas* statt: Hier fordern nur die Männer durch Nicken und Gesten auf, beim Tanzen halten die Paare Augenkontakt, während sie umgreifen. Alles andere gilt als Fauxpas. Die Atmosphäre ist äußerst nostalgisch. Zu den Gästen zählen viele Urlauber. ✎ *Karte D3 • Humberto 1° 1462, Constitución • 4342-5599 • Do 22–4 Uhr*

5 Café de los Angelitos

Das 1890 eröffnete Café erhielt den Beinamen »Kleine Engel« in den 1920er Jahren, als es bei der örtlichen Mafia beliebt war. Heute finden im dem Café cabaretähnliche Vorführungen statt, bei denen die von einem sechsköpfigen Orchester begleiteten Tänzer atemberaubende Tangos bieten. Nach der Vorstellung lockt die mit buntglasverzierten Wänden und Mosaikboden versehene Bar. ✎ *Karte C1 • Avda. Rivadavia 2100, Congreso • 4314-1121 • Eintritt • www.cafedelosangelitos.com*

Milonga *ist sowohl die Bezeichnung für eine Vorläufervariante des Tangos als auch für einen Tanzabend.*

Maldita Milonga

Die jeden Mittwoch um 21 Uhr stattfindende *milonga* beinhaltet Tango-Kurse für Anfänger und Fortgeschrittene. Um 23 Uhr beginnen Live-Darbietungen, bei denen ein Orchester spielt. ⊗ *Karte F2* • *Buenos Aires Club, Perú 571* • *4560-1514*

Tango-Vorführung, El Viejo Almacén

Salón Canning

Der elegante Salon ist für das hervorragende polierte Parkett bekannt – die Tanzfläche gilt als eine der besten der Stadt. Die Kurse und *milongas* ziehen eine bunte Mischung aus Urlaubern, Einheimischen, Anfängern und Könnern an. Am beliebtesten sind die Montag- und Dienstagabende. Donnerstags gibt es Tango und Salsa. ⊗ *Karte K4* • *Scalabrini Ortiz 1331, Palermo* • *4832-6753*

Nuevo Salón La Argentina

Die *milongas* in dem Tango-Club finden von Montag bis Donnerstag nachmittags sowie freitag- und samstagabends statt. Erfahrene Tänzer frönen dem traditionellen Tango *al suelo*, bei dem auf raffinierte Show-Elemente verzichtet wird. Die Atmosphäre ist nett. An der Bar sind Getränke und Imbisse erhältlich. ⊗ *Karte N6* • *Bartolomé Mitre 1759, Congreso* • *4371-6767* • *Eintritt*

El Viejo Almacén

Die hervorragenden abendlichen Aufführungen in dem Haus im Kolonialstil präsentieren sowohl traditionellen als auch zeitgenössischen

Tango. Die sechs Musiker, zu denen eine charismatische ältere Diva, ein weißhaariger Galan und einige Jungstars gehören, spielen Geigen- und Akkordeon-Soli. Das Dinner vor den Veranstaltungen findet in einem weiteren historischen Gebäude auf der gegenüberliegenden Straßenseite statt. ⊗ *Karte F3* • *Avda. Independencia y Balcarce, San Telmo* • *4307-6689* • *www.viejo-almacen.com.ar*

Sin Rumbo

Der Weg in den abgelegenen *barrio* lohnt: In dem Lokal erleben Besucher eine authentische *milonga* mit der Form des Tangos, wie sie von den Einwohnern der Stadt im Alltag getanzt wird. Da nur 150 Personen Einlass finden, ist Reservierung empfohlen. ⊗ *José P. Tamborini 6157, Villa Urquiza* • *julioduplaa@hotmail.com* • *Eintritt*

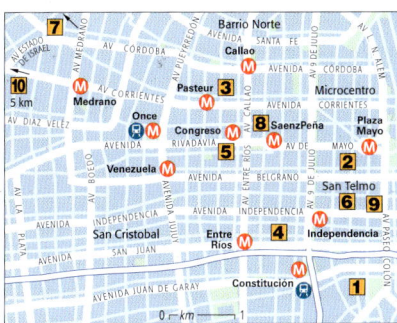

Die meisten Tango-Clubs bieten auch Kurse an. Erkundigen Sie sich telefonisch nach den Veranstaltungszeiten.

Links **Club Aráoz** Rechts **Podestá Super Club de Copas**

Clubs

1 Mint

In dem beliebten Club spielen internationale und einheimische DJs House, Trance und Hip-Hop. Auf der Terrasse ist Pop der 1980er und 1990er Jahre zu hören. *Karte N1 • Avda. Costanera Rafael Obligado & Sarmiento, Palermo • 4806-8002 • Fr & Sa ab 1.30 Uhr*

2 Pachá

Der Club fasst 3000 Electronica-Fans. Sasha, die Chemical Brothers und Paul Oakenfold spielten schon im Pachá. *Avda. Costanera Rafael Obligado & La Pampa, Palermo • 4788-4280 • Fr ab 24 Uhr, Sa ab 2 Uhr • www.pachabuenosaires.com*

3 Club Museum

Die größte »After Work«-Party der Stadt zieht jeden Mittwoch Scharen an. Es gilt ein eleganter Dresscode. An den Wochenenden wird Hard House gespielt. Von den Balkonen auf drei Etagen lässt sich das Geschehen auf der Tanzfläche überblicken. *Karte F2 • Perú 535, San Telmo • 4771-9628 • Mi 20–2 Uhr, Fr & Sa 22–2 Uhr • www.museumclub.com.ar*

4 Podestá Super Club de Copas

Am Wochenende füllt sich der Club mit Mittzwanzigern. DJs spielen Klassiker der 1980er Jahre. Im oberen Stockwerk tanzt eine gesetztere Besucherschar zu House und Techno. *Karte K4 • Armenia 1740, Palermo Viejo • 4832-2776 • Do–Sa ab 23 Uhr*

5 The Roxy

In dem altehrwürdigen Theater wird es donnerstags beim legendären Club 69 *(siehe S. 48)* ein wenig anzüglich. Die Samstagabende mit argentinischem und internationalem Rock und Pop sind weniger berüchtigt. *Federico Lacroze y Alvarez Thomas, Colegiales • variierende Öffnungszeiten • www.theroxybsas.com.ar*

Club Museum

 In einigen Clubs sind für Abendessen ab 22.30 Uhr Reservierungen im Voraus möglich. Der Club-Eintritt ist anschließend frei.

El Living

Die wohl altmodischste Disco Buenos Aires' nimmt eine Etage eines alten Stadthauses ein. Im Hauptbereich ist Musik der 1980er Jahre und Handbag House, in der kleinen Lounge Britpop zu hören. Mittzwanziger bis Enddreißiger bilden das Publikum. ✆ Karte P5 • Marcelo T de Alvear 1540, Tribunales • 4811-4730 • www.living.com.ar

Crobar

Caix

Wahre Nachteulen besuchen nach dem Mint oder Pachá den bis mittags geöffneten »After hours«-Club. In der oberen Etage läuft Hard Techno. Der zweite Raum bietet Blick auf den Fluss. ✆ Karte N1 • Centro Costa Salguero, Avda. Rafael Obligado & Salguero, Palermo • 4805-6069 • Fr & Sa ab 1 Uhr, So 8–1.30 Uhr • www.caix-ba.com.ar

Crobar

Das riesige Crobar ist immer brechend voll: Der größte und beliebteste Club Buenos Aires' mit dem imposanten Hauptraum, einem kleinen Nebenraum, fünf Barbereichen und einer Terrasse füllt sich an Wochenenden mit Urlaubern und Einheimischen. Der Freitag mit House und Pop ist am beliebtesten, samstags wird Hard House aufgelegt. Donnerstags werden im Nebenraum US- und Britrock gespielt. ✆ Karte K1 • Paseo de la Infanta, Avda. del Libertador 3883, Palermo • 4778-1500 • Do–Sa ab 22 Uhr • www.crobar.com

Kika

Der Club besitzt eine schicke Klientel. In einem Bereich werden Hip-Hop, Funk und House, im anderen Hard House gespielt. Der Club ist bei jungen argentinischen Fußballern beliebt, die sich in der offenen VIP-Lounge treffen. Die Atmosphäre ist entspannt. ✆ Karte J3 • Honduras 5339, Palermo Viejo • 4137-5311 • Do–Sa • www.kikaclub.com.ar

Club Aráoz

Der Samstag, an dem DJs House mit Reggaeton, Hip-Hop und Pop kombinieren, ist am beliebtesten. Anders als die großen Clubs besitzt das Aráoz eine gemütliche Atmosphäre. ✆ Karte L3 • Aráoz 2424, Palermo • 4832-9751 • Do–Sa ab 1 Uhr • www.clubaraoz.com.ar

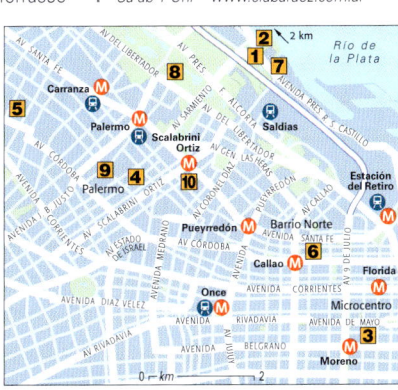

Wer in Buenos Aires einen Club vor 2 Uhr morgens besucht, ist erst einmal mit dem DJ allein.

Links **Empire Thai** Rechts **Gout Café**

TOP 10 Schwul-lesbisches Buenos Aires

1 Amerika

Buenos Aires' größter Szene-Club zieht ein attraktives Publikum aus Schwulen, Lesben und Heterosexuellen an. Letztere besuchen meist die obere Etage, während Erstere die beiden unteren Stockwerke vorziehen, in denen Techno, Dance und Latin gespielt werden. Ein Abend im Amerika ist reines Vergnügen. *Karte K5 • Gascón 1040, Villa Crespo • 4865-4416 • www.ameri-k.com.ar*

2 ZOOM

Die durchgehend geöffnete Kellerbar in einem der Club-Viertel der Stadt besuchen kontaktfreudige argentinische Männer und Urlauber im Alter von 18 bis über 50 Jahren. Sie besteht aus einem Labyrinth aus Separees und Darkrooms. Die Lounge-Bar bietet sich zur Entspannung vor oder nach Clubbesuchen an: Die Drinks werden zu House Music serviert. *Karte N5 • Uriburu 1018, Barrio Norte • 4827-4828 • tägl. 24 Std. • Eintritt • www.zoombuenosaires.com*

3 Club 69

In einem Theater aus der Zeit um 1900 findet mit dem Club 69 eine der wildesten Partynächte in Buenos Aires statt. Homo- wie Heterosexuelle tanzen zu House und Electronica. Höhepunkt der Nacht ist die Cabaret-Show um vier Uhr mit in Leder gekleideten Darstellern auf der Hauptbühne. *The Roxy, Federico Lacroze y Alvarez Thomas, Colegiales • Do ab 24 Uhr • www.theroxybsas.com.ar*

4 Titanic Club

Der Club mit origineller, kitschiger Einrichtung zieht Schwule und Lesben an. Darkrooms, Dragqueens, Go-go-Tänzer und die riesige Bar sorgen für Vergnügen. Der Club bietet samstagnachts die beste Atmosphäre. *Karte M4 • Avda. Santa Fe 2516, Barrio Norte • 4822-7530 • tägl. ab 23.30 Uhr*

5 Sitges

Das moderne Sitges zieht ein legeres schwul-lesbisches Publikum im Alter zwischen 18 und 40 Jahren an. Freitags treten Stripper, samstags und sonntags komödiantische Dragqueens auf. Um einen Tisch nahe der Bühne zu bekommen, sollte man vor ein Uhr erscheinen. Das Sitges besitzt nicht die ausgelassene Atmosphäre anderer schwul-lesbischer Clubs, sondern gibt sich ein wenig formeller. *Karte K5 • Avda. Córdoba 4119, Palermo Viejo • 4861-3763 • Mi – So ab 22.30 Uhr • www.sitgesonline.com.ar*

6 GLAM

Vor allem an Samstagen zieht das in einem wunderschönen Haus im Kolonialstil untergebrachte GLAM junge Schwule und Lesben an. Es gibt drei Bars, einen Billardraum, eine Terrasse, ein Spielzimmer im oberen Stockwerk sowie gute Tanzmusik. Gäste besuchen das GLAM ab etwa zwei Uhr morgens. *Karte M5 • Cabrera 3046, Palermo • 4963-2521 • Do & Sa ab 1 Uhr • www.glambsas.com.ar*

 Schwul-lesbisches Leben spielt sich in Buenos Aires vor allem in den Vierteln San Telmo und Palermo Viejo ab.

Empire Thai

7 Das bei Homosexuellen beliebte Restaurant verbindet asiatische Küche mit orientalischer Einrichtung und legerer New Yorker Atmosphäre. Gäste genießen mittags an der Bar, im Gastraum, im gemütlichen Mezzanin oder an Tischen im Freien scharfe Currys, Pfannengerichte, Suppen und Salate. Die meisten homosexuellen Besucher kehren zu Cocktails am frühen Abend ein. Ⓢ *Karte Q5 • Tres Sargentos 427, Microcentro • 4312-5706 • Mo–Fr 12–24 Uhr, Sa ab 19 Uhr • www.empirethai.net*

Palacio Alsina

8 Der riesige Club mit mehreren Ebenen nimmt ein ehemaliges Fabrikgebäude ein. Freitags legen internationale DJs für die überwiegend männliche Klientel auf. Attraktive, unternehmungslustige Gäste bevölkern die Barbereiche. Wegen der langen Warteschlangen empfiehlt sich frühzeitiges Erscheinen Ⓢ *Karte E2 • Adolfo Alsina 940, Montserrat • 4331-3231 • www.alsinabuenosaires.com.ar*

Gout Café

9 Das Café fügt der alten Grandeur Recoletas einen Touch modernen Chic hinzu. Die elegante Einrichtung ist einladend. Die Speisekarte enthält gesunde Kost, die Weinkarte ist klein, aber fein. Nachmittags locken Kaffee, fruchtige Smoothies, Muffins, Brownies und anderes Gebäck. Auch das nette Personal, Jazz als Hintergrundmusik und WLAN sprechen für einen Besuch des Gout. Ⓢ *Karte N4 • Juncal 2124, Recoleta • 4825-8330 • Mo–Sa 8–21 Uhr • www.goutcafe.com.ar*

Pride Café

Pride Café

10 Das schicke Café ähnelt den typischen Lokalen von Greenwich Village in New York. Es ist vor allem sonntagnachmittags bei homosexuellen Urlaubern beliebt. Die Speisekarte enthält rein biologische Gerichte wie schmackhafte Salate sowie köstliche Kuchen und Gebäck. Die freundlichen Kellner beraten gern bei der Auswahl des Kaffees, der Smoothies oder Cocktails. Die Inneneinrichtung prägen kühles Weiß und Chrom. Die Tische im Freien stehen an der Kreuzung zweier Kopfsteinpflasterstraßen. Ⓢ *Karte F3 • Balcarce 869, Ecke Giuffra, San Telmo • 4300-6435 • Mo–Fr 9–21 Uhr, Sa 11–20 Uhr, So 10–22 Uhr*

Links **Provoleta** Mitte **Ein Urlauber genießt mate** Rechts **Schachtel alfajores**

TOP 10 Spezialitäten

1 Provoleta
Was den Schweizern das Fondue und den Mexikanern *queso fundido*, ist den Argentiniern *provoleta*. Eine zwei Zentimeter dicke Scheibe Kuh- oder Ziegenkäse *(provolone)* wird gegrillt, bis sie innen weich und außen knusprig ist, und dann mit einem Steakmesser gegessen.

2 Parrillada
Parrillada enthält Innereien, Bries, Wurst, Filet und Huhn. Es wird auf einem Metallgrill am Tisch serviert. Das Fleisch kann *jugoso* (blutig), *al punto* (halb durch) oder *cocido* (halb bis gut durchgebraten) bestellt werden.

3 Dulce de Leche
Westeuropäer kennen Karamell als durch trockenes Erhitzen geschmolzenen Zucker. In Argentinien wird aus Milch, Zucker und Vanille durch ein bestimmtes Maß an Hitze *dulce de leche* gewonnen. Die süße Creme wird zu fast jedem Dessert gereicht.

4 Sorrentinos
In der Stadt, in der ein Drittel der Bevölkerung italienische Wurzeln hat, ist hausgemachte Pasta allgegenwärtig. *Sorrentinos*, ein Hauptgericht aus der alten Heimat, ist auch in Buenos Aires' Restaurants beliebt. Die runden Teigtaschen sind mit Schinken und Mozzarella, Kürbis und Ricotta oder Spinat und Parmesan gefüllt. Sie werden mit einer traditionellen Sahnesauce serviert.

Gebackene empanadas

5 Eis
Argentinisches Eis ähnelt dem italienischen *gelato*. Die Sorten der meisten *heladerías* sind in *frutas* (Fruchteis und Sorbets), *cremas* (Dulce de leche, *sambayón* und Vanille) und Schokoladen-Variationen unterteilt. Wer 250 Gramm ordert, erhält drei Sorten für 20 Pesos.

6 Empanadas
Im Gegensatz zu der karibischen gebratenen Variante werden *empanadas* in Argentinien meist gebacken. Sie enthalten schmackhafte Füllungen, z. B. mit Zwiebeln und Mozzarella. Einige Restaurants und Imbisslokale

Parrillada

Vorhergehende Doppelseite
Farbenfrohe Häuser, Calle Caminito, La Boca

Locro, ein typisches Eintopfgericht

Top 10 Argentinischer Wein

1 Misterio Malbec
Flichman liefert mit der Misterio-Linie, v. a. mit der prämierten Malbec-Rebe, hervorragende Qualität.

2 Pulenta IX Pinot Noir
Die Produktion des Mendoza Pinot, der zehn Monate in französischen Eichenfässern reift, ist auf etwa 4000 Flaschen pro Saison begrenzt.

3 Telteca Merlot
Der Merlot aus der kontrollierten Bodega hat eine fruchtige Note.

4 Gran Reserva Malbec
Der Wein ist Produkt 65 Jahre alter Rebstöcke. Er reift mindestens ein Jahr lang in Eichenholzfässern.

5 Ruca Malen Merlot
Der Merlot bietet ein wunderbares Aroma bei hervorragendem Preis.

6 Trapiche Cabernet Sauvignon
Der Wein aus Argentiniens berühmtester Kellerei ist ein Schnäppchen.

7 Trapiche Malbec
Der Wein ist neben Tango und Fußballstars Argentiniens beliebtestes Exportprodukt.

8 Cafayate Torrontés
Die weiße Traube ist der Beitrag der Region Salta zur Weinproduktion Argentiniens.

9 Roble Chardonnay Bodega Los Haroldos
Kein dezenter Wein: Die herbe Eichenholznote passt gut zu Wild und Rind.

10 Bodegas Caro Cabernet Sauvignon
Der seltene Wein ist eine Gemeinschaftsproduktion der Domaines Barons de Rothschild-Lafite und einem Familienbetrieb in Mendoza.

bieten die schärferen Varianten *empanadas salteñas*, *tucumanas* und *catamarqueñas* aus den nordwestlichen Regionen Argentiniens an.

7 Locro
Der Eintopf aus Argentiniens Nordwesten wärmt an kalten Tagen. *Locro* enthält Mais, Fleisch und Wintergemüse.

8 Mate
Wenige Leidenschaften in Argentinien haben so viele Anhänger: *Mate* wird immer und überall getrunken. Die Blätter werden in einer Kalebasse mit heißem Wasser aufgebrüht. Das halbbittere Getränk genießt man durch ein metallenes Trinkrohr mit Filter. Der *mate* bei Cumaná *(siehe S. 71)* ist empfehlenswert.

9 Fugazzetta Rellena
Die Pizzerias an der Kreuzung der Avenidas Callao und Corrientes servieren Pizza nach Art der *Porteños*. *Fugazzetta rellena* ist Pizza mit doppeltem Boden, Käse- und Schinkenfüllung sowie Mozzarella, Oregano und Zwiebeln.

10 Alfajores
Das beliebteste Gebäck Argentiniens ist als Massenware an Kiosken oder als hausgemachte Köstlichkeit in Bäckereien erhältlich. Die unzähligen Variationen reichen von *maicena* bis zu Keksen mit Schokoladenglasur.

Mendoza im Westen Argentiniens ist als Land der Sonne und des guten Weins bekannt.

Links **La Cabrera** Rechts **Cabaña Las Lilas**

TOP10 Parrillas

1 El Desnivel

Das Paradebeispiel einer schnörkellosen *parrilla* zieht Einheimische, Urlauber und Künstler an. Die Wände zieren verblichene Bilder, die Kellner sind ausgesprochen freundlich. Steaks brutzeln auf dem offenen Grill, bevor sie serviert werden. ◊ *Karte F3 • Defensa 855, San Telmo • 4300-9081 • tägl. 12–16 Uhr & ab 19.30 Uhr • $$$*

2 El Obrero

Bono, Francis Ford Coppola und Robert Duvall gehören zu den Prominenten, die sich in der 1954 eröffneten *parrilla* schon unter die Einheimischen mischten. Die Atmosphäre ist einzigartig. Auf deftige Fleisch-, Fisch- und Nudelgerichte folgen sahnige Desserts. Der Service ist äußerst freundlich. ◊ *Karte H5 • Agustín R. Caffarena 64, La Boca • 4362-9912 • Mo–Sa 12–17 Uhr & ab 20 Uhr • $$$*

3 La Brigada

La Brigada verbindet echte *Parrilla*-Atmosphäre mit erstklassiger Küche. Die rustikale Holzdecke sowie Fußballandenken an den Wänden prägen die Einrichtung. Der Service ist schnell, die Steaks sind exzellent. Die schmackhaften *chinchulín* und *molleja* sind empfehlenswert. ◊ *Karte F3 • Estados Unidos 465, San Telmo • 4361-4685 • tägl. 12–15.30 Uhr & ab 20 Uhr • $$$*

4 La Cabrera

Das romantische Lokal besteht aus zwei kleinen Räumen mit Ziegelwänden, Mosaikböden und Holztischen. Die Steaks gehören zu den besten der Stadt, die Weinkarte ist hervorragend. Es gibt auch Tische im Freien. *(siehe S. 93).*

5 Don Julio

Die Einrichtung kennzeichnen Ziegelwände und Kronleuchter. Zu den Spezialitäten zählen *ojo de bife* (Rib-Eye-Steak) und *entririna* (Bauchfleisch). Auch die *empanadas* sind hervorragend. Die Tische im ersten Stock bieten Blick auf die darunterliegende Küche. ◊ *Karte K3 • Guatemala 4691, Esq. Gurruchaga • 4831-9564 • tägl. 12–16 Uhr & 19.30 Uhr–1 Uhr • $$$$$*

6 El Trapiche

Die *parilla* bringt Alte-Welt-Charme in das trendige Palermo: Statt mit ausgeprägtem Chic und extravaganter Fusionsküche überzeugt das Restaurant mit großen saftigen Steaks sowie Fisch, Pas-

Chiquilín

Parrillas sind Steakhäuser bzw. Grillrestaurants.
Preiskategorien der Restaurants siehe S. 71

ta und Seafood. Vor den alten Mauern stehen Weinregale, die Atmosphäre ist geschäftig *(siehe S. 93)*.

Sabot

Das im Stadtzentrum gelegene Sabot bietet klassische argentinische Küche. Die Speisekarte beinhaltet exzellente *parrillada*, Nudel-, Fisch- und Seafood-Gerichte. Der gegrillte, mit einer Scheibe Zitrone garnierte Lachs empfiehlt sich als leichte Alternative zu den fleischhaltigen Speisen. Die Deckenbalken und getäfelten Wände schaffen ein gemütliches Ambiente. Der Service ist erstklassig *(siehe S. 85)*.

Cabaña Las Lilas

Die gehobene *parilla* ist für die zarten Steaks berühmt. Gäste wählen zu der unverwechselbaren *Ojo-de-bife*-Variante aus 700 argentinischen und internationalen Weinen. Die von dunklem Holz und Ledersesseln geprägte Einrichtung ist gemütlich. Die große Terrasse bietet fantastische Aussicht auf die Bucht *(siehe S. 85)*.

Chiquilín

Das traditionsreiche Tango-Lokal besteht seit 1927. An den Dachsparren hängen Topfpflanzen, Säcke mit Rohschinken sowie altmodische Deckenventilatoren. Das Plaudern der Gäste erfüllt den großen Gastraum. Steaks und Pasta bilden die sättigenden Hauptgerichte, gefolgt von köstlichen, kalorienreichen Desserts. Das nette, schwungvolle Personal hat großen Anteil an der

La Dorita

Attraktivität des Restaurants.
⊗ *Karte N6 • Sarmiento 1599, Congreso • 4373-5163 • tägl. 12–2 Uhr • $$$$*

La Dorita

Das Eckrestaurant mit reizender Atmosphäre besitzt eine gemütliche Einrichtung und einen erstklassigen Grill. Zu den traditionellen *Parilla*-Gerichten zählen die köstliche Vorspeise mit Schweinswürstchen, gegrilltes Filet-Sandwich und das Hauptgericht *tables de carne*, bei dem zwei Personen aus fünf klassischen Speisen drei auswählen. Dazu wird Weißwein vom Fass in Tonkrügen serviert. Es gibt Tische im Freien. Das Ambiente im Innenraum ist sehr romantisch. ⊗ *Karte J3 • Humboldt 1905 • 4773-0070 • Mo–Sa 12–16 Uhr & ab 20 Uhr • $$$*

Fleisch bestellt man vuelta y vuelta *(blutig)*, a punto *(medium)* oder bien cocida *(gut durchgebraten)*

Links **Duhau Restaurante & Vinoteca** Mitte **Cabaña Las Lilas** Rechts **La Bourgogne**

Restaurants

1 Cabaña Las Lilas

Seit 1995 locken köstliche Rindfleischgerichte Urlauber und *Porteños* in das Restaurant. Das Fleisch stammt von der hauseigenen Farm. Die Qualität ist ebenso berühmt wie die günstigen Preise *(siehe S. 55 & S. 85)*.

2 Patagonia Sur

Das *Prix-fixe*-Menü des Starkochs Francis Mallmann wechselt nach Saison. Verwendet werden Zutaten wie *Calafate*-Beeren und Kartoffeln aus den Anden. Die Desserts und Weine sind vorzüglich, die Atmosphäre ist gemütlich *(siehe S. 77)*.

Schild des Patagonia Sur

3 Ølsen

Das Ølsen polarisiert die *Porteños* seit der Eröffnung: Es wird als Lokal internationalen Stils gefeiert, der entsprechende Zulauf fehlt jedoch. Es gibt Finger Food nach skandinavischer Art und Brunch. Auf der Terrasse werden Cocktails serviert *(siehe S. 93)*.

4 Duhau Restaurante & Vinoteca

Das Restaurant kennzeichnen exzellenter Service, Eleganz und nuancierte Zubereitung der Speisen. Es gibt Tische im ruhigen Garten, im freundlich eingerichteten Gastraum und in der gemütlichen Vinothek, in der Käse und knuspriges Brot zu Malbec gereicht werden *(siehe S. 71)*.

5 Oui Oui

Das helle, legere Oui Oui setzt einen hübschen Akzent in Palermo. Die leichten Eierspeisen, Limonaden, Soufflés, Brioches, Suppen und Waffeln sind köstlich. Das Lokal eignet sich hervorragend für eine *merienda* oder einen Nachmittagssnack. ⊗ Karte J2 • Calle Nicaragua 6068 • 4778-9614 • Di – Fr 8–20 Uhr, Sa & So 10–20 Uhr • www.ouioui.com.ar • $

6 Brasserie Petanque

Die Brasserie bietet exzellente französische Bistro-Kost. Die großen Fenster zur Calle Defensa werden im Sommer geöffnet, an den Tischen draußen herrscht eine ausgelassene Atmosphäre. Die Spezialitäten der Tageskarte sind hervorragend, ebenso die Pasteten der Vorspeisenplatte. Das Personal berät fachkundig bei der Weinauswahl *(siehe S. 77)*.

Bar der Brasserie Petanque

 Typisch argentinische parillas **siehe S. 54f**

Nectarine

Das Acht- oder Zehn-Gänge-Menü in dem exquisiten französischen Restaurant ist ein Hochgenuss. In der offenen Küche kann man den Meisterköchen bei der Arbeit zusehen *(siehe S. 71)*.

La Bourgogne

Der Küchenchef Jean-Paul Bondoux verwendet für die Gerichte überwiegend regionale Zutaten sowie exquisiten Malbec. Das Restaurant zählt Gourmets aus aller Welt zu seinen Gästen *(siehe S. 71)*.

Tomo I

Tomo I

Das Restaurant nutzt das Potenzial der *Porteño*-Küche hervorragend. Die Entenravioli in Fruchtreduktion, die pochierte Forelle mit Minze und das Mousse von der Passionsfrucht erklären, warum das Restaurant seit 40 Jahren erfolgreich ist *(siehe S. 85)*.

Casa Cruz

Gäste betreten das Restaurant durch goldene Türen. Im Casa Cruz genießt die örtliche Prominenz kleine Portionen delikater asiatischer und argentinischer Gerichte *(siehe S. 93)*.

Top 10 Cafés & Confiterías

1 El Petit Colón

Theatergäste diskutieren bei Drinks die Aufführungen. ⊗ *Karte P6 • Calle Libertad 505*

2 Café Tortoni

Das Café serviert die besten *churros con chocolate caliente* in der Stadt *(siehe S. 26)*.

3 Pride Café

Das bei Homosexuellen beliebte Café bietet schicke Beleuchtung und Tische im Freien *(siehe S. 49)*.

4 Bar 6

Die tägliche Happy Hour (18.30 – 20.30 Uhr) in der Café-Bar zieht Gäste aus der Nachbarschaft an *(siehe S. 92)*.

5 La Biela

Bei Kaffee und einem *tostado* kann man gut Passanten beobachten *(siehe S. 70)*.

6 Clásica y Moderna

In dem Café der Buchhandlung bezaubert Live-Pianomusik *(siehe S. 70)*.

7 Bar Plaza Dorrego

Der Kaffee wird individuell zubereitet. Die Auswahl an Salaten ist groß, der Service ein wenig schroff *(siehe S. 77)*.

8 Bar El Federal

In historischem Ambiente wird aromatisierter Kaffee serviert. ⊗ *Karte F5 • Ecke Calle Perú & Carlos Calvo • 4300-4313*

9 Bar Británico

In der durchgehend geöffneten Bar verbringen *Porteños* gern zwei Stunden bei einer Tasse Kaffee. ⊗ *Karte F4 • Ecke Calle Brasil & Defensa • 4361-2107*

10 La Americana

Die Pizzeria bietet mittags leichte Snacks, *empanadas* und *fugazzetta rellena (siehe S. 53)*. ⊗ *Karte D1 • Avda. Callao 83 • 4371-0202*

Preiskategorien der Restaurants **siehe S. 71**

Links **Der ehemalige Präsident Juan Domingo Perón** Rechts **Jorge Rafael Videla**

TOP10 Berühmte Porteños

1 Diego Maradona (geb. 1960)

Maradona – »El Diez«, »El Pibe«, »D10S« nach seiner Rückennummer, »The Kid« oder einfach »Gott« – ist das Gesicht des argentinischen Fußballs. Seine Tore im Viertelfinale der Weltmeisterschaft gegen England 1986 zählen zu den außergewöhnlichsten der Fußballgeschichte.

2 Carlos Gardel (1890–1935)

»Gardel singt jeden Tag besser« lautet ein Sprichwort in Buenos Aires. Die Wertschätzung des Sängers und Komponisten, der den Tango auf die Bühnen der Welt brachte, ist ungebrochen (siehe S. 28f).

3 Susana Giménez (geb. 1944)

Der ehemaligen Schauspielerin und heutigen Talkshow-Moderatorin sieht man ihr Alter beileibe nicht an. Jede Woche ziert sie Titelseiten von Zeitschriften und verleiht gesellschaftlichen Anlässen Glanz.

4 Carlos Menem (geb. 1930)

Der Präsident verhalf in den 1990er Jahren mit Steueranreizen für ausländische Investoren Puerto Madero zum Aufschwung. Heute erinnert man sich vor allem an die Korruptionsvorwürfe, die seine Präsident-

schaft begleiteten. So musste er z. B. einen von Partnern geschenkten Ferrari zurückgeben.

5 Eva Perón (1919–1952)

Die aus der Pampa stammende Sängerin und Schauspielerin María Eva Duarte und General Juan Perón waren im letzten Jahrhundert Argentiniens einflussreichstes Paar. Evas Anhängerschaft nannte sie bei dem Kosenamen Evita. Ihr Mausoleum in Recolata ist viel besucht und stets geschmückt (siehe S. 10).

6 Juan Perón (1895–1974)

Juan Domingo Perón trat als Präsident für die Arbeiter und für soziale Fürsorge ein. Als Sympathisant der Nationalsozialisten ließ er ehemalige SS-Offiziere nach Argentinien immigrieren. Trotz seines zwiespältigen Rufs lebt die von ihm gegründete politische Bewegung weiter.

7 Charly García (geb. 1951)

Zusammen mit Luis Spinetta gab García dem Rock 'n' Roll Rio-

Carlos Menem, einstiger argentinischer Präsident

Als Porteños *bezeichnet man in Buenos Aires geborene Personen und die Einwohner der Stadt.*

Der Autor Jorge Luis Borges

platense-Flair. Nachdem sich seine erste Band Sui Generis 1975 aufgelöst hatte, startete er eine erfolgreiche Solokarriere. Von Garcías inzwischen seltenen Auftritten ist der zum 30. Jahrestag der Madres de Plaza de Mayo 2007 (siehe S. 9) unvergesslich.

8 Jorge Luis Borges (1899–1986)
Die Werke des preisgekrönten Autors haben nach seinem Tod nicht an Bedeutung verloren: Die existenzialistischen Erzählungen Das Aleph und El Milagro Secreto sind Pflicht für jeden Philosophie- und Literaturstudenten.

9 Jorge Rafael Videla (geb. 1925)
Nach Wiedererlangung der Demokratie 1983 befand sich der selbst ernannte Präsident Videla immer wieder in Haft, vor Gericht, im Krankenhaus und unter Hausarrest. Graffitis in der Stadt fordern seine Verurteilung.

10 Torcuato de Alvear (1822–1890)
Den Vergleich mit Paris schuldet Buenos Aires dem ersten Bürgermeister Torcuato de Alvear. Er beaufsichtigte den Ausbau Recoletas und der Avenida de Mayo und stieß Planungen für die Infrastruktur an, die das Wachstum der Stadt begünstigten.

Top 10 Argentinische Musiker

1 Fito Páez
Der Liedermacher schreibt auch Drehbücher.

2 Andrés Calamaro
2007 ehrte der Sänger mit der dunklen Stimme Bob Dylan mit La Lengua Popular.

3 Soda Stereo
2007 kam die Latino-Band der 1980er und 1990er Jahre für eine Tournee wieder zusammen.

4 Patricio Rey
Rey versah Rock 'n' Roll mit dem Soziolekt lunfardo.

5 La Renga
Mit 1980er-Jahre-Rock und Metal-Gitarre prangerten La Renga die Armut in den barrios von Buenos Aires an.

6 Attaque 77
Die Skater-Punks sind seit zwei Jahrzehnten das »Gewissen« der Stadtjugend.

7 Bersuit Vergarabat
Die achtköpfige, sozial engagierte Latin-Rock-Band führte die Rock-nacional-Szene der 1990er und frühen 2000er Jahre an.

8 Los Fabulosos Cadillacs
Matador, der Hit der Band von 1994, wird noch oft gespielt. Der Sänger Vincentico hat auch solo Erfolg.

9 Gustavo Santaolalla
Der in Argentinien sehr beliebte Musiker komponierte die Soundtracks zu Brokeback Mountain und Die Reise des jungen Che.

10 Juana Molina
Die Alben der Sängerin mit wunderbarer Stimme und außergewöhnlicher Pop-Instrumentation gehören zu den gefeiertsten des vergangenen Jahrzehnts.

 Un Día ist das jüngste, 2008 veröffentlichte Album von Juana Molina.

Links **Museo de los Niños** Mitte **Parque Tres de Febrero** Rechts **Planetario Galileo Galilei**

TOP 10 Attraktionen für Kinder

1 Museo Argentino del Títere

Das Museum zeigt antike Puppen aus verschiedenen Ländern, z. B. aus Rumänien, Indonesien, Costa Rica und Indien. An den Wochenenden wird Puppentheater gespielt. ⊗ *Karte E3 • Piedras 905, San Telmo • 4304-4376 • Di–Fr 15–18 Uhr, Sa & So 15–19 Uhr • Eintritt für Vorstellungen • www.museoargdeltitere.com.ar*

2 Planetario Galileo Galilei

Das Planetarium der Stadt sieht wie ein Raumschiff aus. Die unterhaltsamen, lehrreichen täglichen Shows entführen Besucher auf eine Reise durch das Weltall. Die Erklärungen sind in Spanisch und Englisch *(siehe S. 89)*.

3 Museo Argentino de Ciencias Naturales

Das Naturwissenschaftliche Museum bietet eine Dinosaurierausstellung, ein Aquarium, einen Bereich zur Antarktis sowie Räume über Amphibien, Reptilien und Insekten. Das Café »Auf dem Meeresgrund« lädt zu einem Imbiss ein. ⊗ *Karte J6 • Avda. Angel Gallardo 470, Caballito • 4982-4494 • tägl. 14–19 Uhr • Eintritt • www.macn.gov.ar*

Museo Argentino de Ciencias Naturales

4 Tren de la Costa

Die Zugfahrt entlang dem Río de la Plata von Olivos nach Tigre *(siehe S. 96)* kann man für Strandbesuche oder Radfahren unterbrechen. Parque de la Costa und Flussdelta sind in der Nähe. ⊗ *4002-6000 • tägl. 6.30–23 Uhr • Gebühr • www.trendelacosta.com.ar*

Bootsfahrt durch das Flussdelta

5 Bootsfahrt durch das Flussdelta

Das Delta bietet ein dichtes Netz von Wasserwegen und Inseln. Auf den ein- oder zweistündigen Bootstouren fühlen sich Jung und Alt wie Indiana Jones. ⊗ *Start: Estación Fluvial de Tigre: Mitre 305, Tigre • 4512-4497 • Gebühr • www.tigre.gov.ar*

6 La Calle de los Títeres

Die »Puppenstraße« ist bei Familien beliebt. In dem Hof eines Hauses aus den 1840er Jahren nehmen Kinder vor Beginn des Puppentheaters an Workshops teil. Drei- bis Siebenjährige haben hier großen Spaß. ⊗ *Karte D5 • Centro Cultural del Sur, Avda. Caseros 1750, Constitución • 4305-6653 • Sa & So 16–18 Uhr (Jan & Feb geschl.)*

Plätze & Parks in Buenos Aires siehe S. 36f

Vor dem Kamelgehege, Zoo Buenos Aires

Zoo Buenos Aires
Schneeleoparden und Königstiger sind die Stars des Zoos. Ein Aquarium, Bootsfahrten und eine Farm, auf der Kinder Kühe melken und Tiere hörend und fühlend erraten können, sind weitere Attraktionen *(siehe S. 88)*.

Museo de los Niños
In der Miniaturstadt können Kinder in einem Supermarkt einkaufen, ein Durchleuchtungsgerät am Flughafen bedienen, ein Wasserwerk erkunden, ein Flugzeug fliegen, eine TV-Show aufnehmen und weitere Abenteuer erleben.
Karte L6 • Avda. Corrientes 3247, Abasto • 4861-2325 • Jan & Feb: tägl. 13–20 Uhr; März–Dez: Di–So 13–20 Uhr • Eintritt • www.museodelosninos.org.ar

Parque de la Costa
Der Vergnügungspark bietet Fahrgeschäfte von Autoskootern bis Achterbahnen. Ein Besuch lässt sich gut mit einer Bootsfahrt auf dem Delta verbinden.
Vivanco 1509, Tigre • 4002-6000 • Sa & So 11–19.30 Uhr • Eintritt • www.parquedelacosta.com.ar

Parque Tres de Febrero
Der reizende Park lockt mit Tret- und Ruderbooten, Rollschuh- und Fahrradverleih, Rosen- und japanischen Gärten sowie Fahrten mit Pferdekutschen. Zoo und Planetarium liegen in der Nähe. *Karte L2 • Avda. del Libertador y Avda. Sarmiento*

Top 10 Läden für Kinder

Barbie Store
Alles für Barbie: Mode, Spielzeug, Schönheits-, Teesalon und Spielzimmer. *Karte M3 • Avda. Scalabrini Ortíz 3170, Palermo • 0810-4444-227243*

Chibel
Die Modeauswahl ist groß. *Karte K4 • El Salvador 4611, Palermo Viejo • 4504-8688*

Imaginarium
Es gibt Spiele, Puppen und Musik. *Karte M4 • Shopping Alto, Palermo • 5777-8314*

Viva La Pepa
Die Kreationen sind z. B. an klassischen Abendkleidern orientiert. *Karte K3 • Armenia 1786, Palermo Viejo • 4831-1411*

Cheeky
Die Kleidung für Neugeborene bis 12-Jährige ist reizend. *Karte P5 • Avda. Santa Fe 1499, Barrio Norte • 4813-1875*

Owoko
Lustige Motive schmücken hochwertige Materialien. *Karte K4 • El Salvador 4694, Palermo Viejo • 4831-1259*

Bukito
Spielzeug, Babysitze und Kleidung sind preisgünstig. *Karte L6 • Avda. Corrientes 3247, Abasto • 4959-3423*

Mimo & Co
Die Filiale einer Kette bietet Mode und Accessoires. *Karte L6 • Avda. Corrientes 3247, Abasto • 4959-3545*

Super Baby
Die Eltern stöbern, während die Kinder mit Puppen spielen. *Karte L3 • Armenia 2302, Palermo Viejo • 4833-6636*

Gabriela de Bianchetti
Die exklusive Mode zeigt originelle Designs und florale Muster. *Karte K4 • Scalabrini Ortíz 1305 • 4831-6941*

Das Sortiment der meisten Läden für Kinder in Buenos Aires ist auf bis zu 12-Jährige ausgerichtet.

STADTTEILE

TOP 10 BUENOS AIRES

Links **Avenida de Mayo** Rechts **Teatro Colón**

Barrio Norte, Recoleta & Umgebung

D AS ZENTRUM VON BUENOS AIRES, *die Plaza de Mayo* (siehe S. 8f), umgeben mehrere Viertel. Das historische Montserrat mit den zahlreichen Kolonialbauten umschließt den Platz. Im Norden liegen die wohlhabenden Stadtteile Barrio Norte und Recoleta. Im Westen befinden sich die lebendigen Viertel der Arbeiterschicht: Once ist Heimat der jüdischen Gemeinde von Buenos Aires, von dem Tango-Viertel Abasto aus eroberte Carlos Gardel die Welt (siehe S. 29). Die Stadtteile sind durch prächtige Boulevards miteinander verbunden. Den ältesten Boulevard, die Avenida de Mayo, säumen beeindruckende Bauwerke der Belle Époque.

Café, Avenida Corrientes

🏛️ Attraktionen

1. Avenida 9 de Julio
2. Avenida de Mayo
3. Museo Nacional de Bellas Artes
4. Cementerio de la Recoleta
5. Avenida Corrientes
6. Centro Cultural Recoleta
7. Museo de la Ciudad
8. Teatro Colón
9. Manzana de las Luces
10. Museo Casa Carlos Gardel

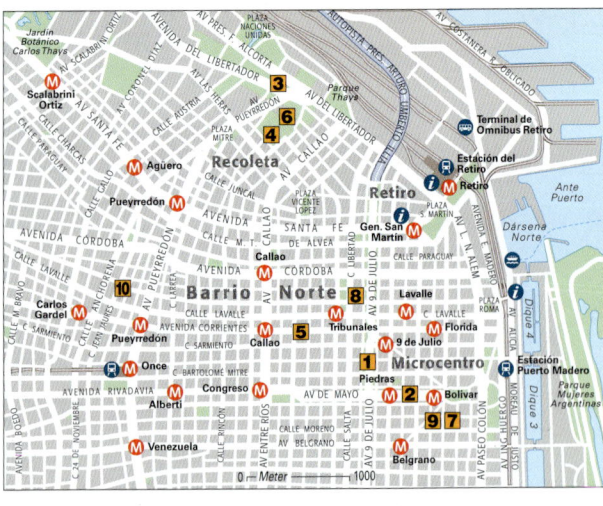

Vorhergehende Doppelseite
Brunnen vor dem Congreso Nacional

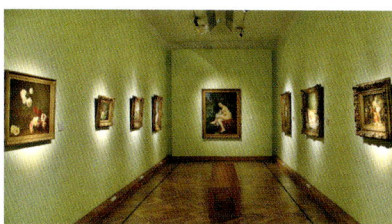
Museo Nacional de Bellas Artes

1 Avenida 9 de Julio
Die Avenida 9 de Julio wurde in den 1930er Jahren angelegt, um den Nord-Süd-Verkehr in der Stadt zu entlasten. Sie bildet eine 140 Meter breite Schneise vom Bahnhof Constitución nach Retiro. Das jüngste Projekt der Stadtplanung stellt eine symbolische Verbindung zwischen den traditionellen Arbeitervierteln im Süden und dem aristokratischen Norden dar. An dem hektischen Boulevard verschwinden die Klassenunterschiede: Besucher können an den von Jacarandabäumen gesäumten Bürgersteigen Pizzas für 10 Pesos genießen oder an glanzvollen Tango-Dinnershows in den Ballsälen der nahe gelegenen Hotels teilnehmen *(siehe S. 20f)*.

2 Avenida de Mayo
Der älteste Boulevard der Stadt, die prächtige Avenida de Mayo, entstand 1894 als Verbindung zwischen den beiden Regierungsgebäuden – dem Präsidentenpalast Casa Rosada und dem Palacio del Congreso. Die herrlichen Bauwerke an der Straße sind nach der Pariser Palais-Architektur gestaltet. Die französische Metropole galt Buenos Aires in jener Zeit als Vorbild. Tatsächlich aber eroberten die spanischen Einwohner die Avenida. Die von ihnen eröffneten Cafés, Restaurants und Bars sind heute noch beliebt *(siehe S. 14f)*.

3 Museo Nacional de Bellas Artes
Das Museum der schönen Künste wurde 1896 gegründet. Es beherbergt mehr als 12 000 Werke. Dauerausstellungen zeigen z. B. präkolumbische Kunst, argentinische Kunst des 19. und 20. Jahrhunderts sowie Werke alter und moderner internationaler Künstler wie Goya, El Greco, van Gogh, Picasso, Kandinsky und Miró. In dem Vortragsraum werden täglich Filme gezeigt *(siehe S. 16f)*.

4 Cementerio de la Recoleta
Die faszinierende Stadt der Toten durchzieht ein Labyrinth von Wegen und Pfaden. Der Cementerio de la Recoleta ist Begräbnisstätte von Präsidenten, Generälen und Familien der argentinischen Oberschicht. Hinter den hohen Mauern stehen Mausoleen aus Granit und Bronze, die Kuppeln und Skulpturen von Engeln und weinenden Müttern krönen. Das berühmteste Grab ist das von Eva Perón *(siehe S. 58)*, das schönste Grabmal gehört José C. Paz *(siehe S. 10f)*.

Cementerio de la Recoleta

Exponate im Museo de la Ciudad

Avenida Corrientes

5 In den 1940er Jahren wurde der Boulevard in dem Theaterviertel der Stadt wegen der vielen Schauspielhäuser und Kinos »die Straße, die niemals schläft« genannt. Heute hat die Avenida Corrientes etwas an Glanz verloren. Neben Theatern und Cafés säumen die Straße einige exzellente Secondhand-Buchläden *(siehe S. 69)*. ◉ *Karte N6–P6*

Centro Cultural Recoleta

6 Das Kulturzentrum, ein dynamischer Ort für zeitgenössische Kunst, ist in dem 1732 errichteten Kloster von Recoleta untergebracht. In zwanzig Sälen werden Wechselausstellungen gezeigt. Die Exponate sind ausgefallen, provokativ und reich an politischen, gesellschaftlichen und religiösen Aussagen. Es gibt außerdem ein kleines Kino, einen Vorführungsraum in der Klosterkapelle, verschiedene Mehr-

zweckbereiche und eine Dachterrasse, auf der im Sommer Aufführungen stattfinden. ◉ *Karte N3 • Junín 1930 • 4803-1040 • Mo–Fr 14–21 Uhr, Sa & So 10–21 Uhr • www.centroculturalrecoleta.org*

Museo de la Ciudad

7 Das in einem Privathaus von 1894 ansässige Museum zeigt u. a. Rekonstruktionen von Jugendstil- und Art-déco-Schlafzimmern, ein Büro aus der Zeit um 1900 sowie ein Speisezimmer aus den 1950er Jahren. Zudem sind historisches Kinderspielzeug, Möbel und Gemälde sowie architektonische Antiquitäten ausgestellt. Die Farmacia de la Estrella im gleichen Gebäude ist seit 1834 in Betrieb. Die Apotheke besitzt Deckenfresken, eine antike Ladentheke und historische Waagschalen. ◉ *Karte F2 • Defensa 219, Montserrat • 4331-9855 • tägl. 11–19 Uhr • Eintritt*

Teatro Colón

8 Das 1908 eröffnete Teatro Colón zählt zu den besten Opernhäusern der Welt. Es präsentiert Opern- und Ballettaufführungen sowie klassische Konzerte. Stars wie Pavarotti, Nurejew und María Callas waren bereits zu Gast. Besucher können im Rahmen einer Führung das elegante Interieur, den Saal, die Salons und die vielen Werkstätten und Proberäume besichtigen *(siehe S. 12f)*.

Centro Cultural Recoleta

Das Museo de la Ciudad im Internet
www.museodelaciudad.buenosaires.gov.ar

9 Manzana de las Luces

Die Manzana de las Luces (Häuserblock der Erleuchtung), ein Komplex aus jesuitischen und Regierungsgebäuden aus der Mitte des 17. Jahrhunderts, bilden das historische Zentrum von Buenos Aires. Zu den Attraktionen zählen die älteste Kirche der Stadt – die 1668 erbaute Iglesia San Ignacio mit dem alten Hauptsitz der Jesuiten –, die Sala de Representantes und das Colegio Nacional de Buenos Aires. Die in den 1690er Jahren angelegten unterirdischen Tunnel führen zur Plaza de Mayo. *Karte F2 • Perú 272, Montserrat • 4342-6973 • www.manzanadelasluces.gov.ar*

10 Museo Casa Carlos Gardel

Das Museum befindet sich in dem Haus, in dem Gardel *(siehe S. 28f)* einige Jahre vor seinem Tod 1933 mit seiner Mutter lebte. In der typischen *casa chorizo* aus dem frühen 20. Jahrhundert wird Gardels Leben anhand von Familienfotos, Schallplatten und Filmplakaten illustriert. Das kleine Kino zeigt die Filme Gardels. Ein Teil des Hauses ist wie zu Lebzeiten des Tango-Stars rekonstruiert. *Karte M5 • Jean Jaurés 735, Abasto • 4964-2015 • Mo & Mi–Fr 11–18 Uhr, Sa & So 10–19 Uhr • Eintritt • www.museocasacarlosgardel.buenosaires.gov.ar*

Museo Casa Carlos Gardel

Ein Tag Stadtgeschichte

Vormittag

Frühstücken Sie bei **La Americana** *(siehe S. 57)*, bevor Sie der **Avenida de Mayo** Richtung Osten folgen und die prächtigen Bauten wie das Art-nouveau-Gebäude **Hotel Chile** *(siehe S. 14)* und den neugotischen **Palacio Barolo** *(siehe S. 14)* bewundern. Biegen Sie nach der Kreuzung der Calle Perú in die zweite Straße rechts ab. Die **Manzana de las Luces** versetzt Sie in das Buenos Aires des 17. Jahrhunderts zurück. Erkunden Sie die die Manzana umgebenden Straßen und das **Museo de la Ciudad**. Zurück auf der Avenida de Mayo bietet das **Café Tortoni** *(siehe S. 15)* Kaffee und Croissants. Gehen Sie nun nach Westen zur **Avenida 9 de Julio**. Nehmen Sie an einer Führung durch das **Teatro Colón** teil.

Nachmittag

Gehen Sie nach Recoleta. **La Biela** *(siehe S. 70)* liegt dem **Cementerio de la Recoleta** gegenüber. Nach dem Mittagessen können Sie die Wege des Friedhofs entlangspazieren. Das **Centro Cultural Recoleta** bietet zeitgenössische Kunst und wunderbare Aussicht von der Dachterrasse. Gehen Sie anschließend über die **Plaza Francia** *(siehe S. 37)* zur Avenida Alvear. Das reizende **Alvear Palace Hotel** *(siehe S. 112)* in östlicher Richtung empfiehlt sich für einen Imbiss. Weiter östlich können Sie in edlen Boutiquen stöbern. Ein Abendessen mit gutem Wein in der **Gran Bar Danzón** *(siehe S. 70)* an der Kreuzung der Calle Libertad beschließt den Tag.

In der Calle Zelaye, einer Straße nahe dem Museo Casa Carlos Gardel, sind Wandgemälde mit Tango-Motiven zu sehen.

Links **Kosiuko** Mitte **Tramando** Rechts **Ona Sáez**

Shopping in Recoleta

1 Puro Diseño
Puro Diseño gehört zu den vielen Läden für Inneneinrichtung in der Gegend. Das Geschäft bietet moderne, innovative Haushaltsgegenstände. ◎ *Karte N3* • *Avda. Pueyrredón 2501* • *5777-6104*

2 Tramando
Die Boutique präsentiert Damenmode sowie Wohnaccessoires. Die Kollektionen sind stilvoll, exklusiv und handgefertigt. ◎ *Karte P4* • *Rodríguez Peña 1973* • *4811-0465*

3 Kosiuko
Kosiuko verkauft flippige Mode für Männer, Frauen und Kinder zu guten Preisen. ◎ *Karte N5* • *Avda. Santa Fe 1779* • *4815-2555*

4 Ona Sáez
Der Laden bietet Cargohosen, Abendbekleidung für Männer, verführerische Cocktailkleider und trendige Alltagsmode. ◎ *Karte N5* • *Avda. Santa Fe 1651* • *4813-2834*

5 Vasalissa
Der Chocolatier hat mit Passionsfrucht, Champagner oder Cassis gefüllte belgische Schokolade im Sortiment. ◎ *Karte P4* • *Avda. Callao 1940* • *4806-4158*

6 De Maria
De Maria vertreibt elegante Damenschuhe und Accessoires aus Schlangen- und Lackleder oder anderen Materialien. ◎ *Karte P4* • *Libertad 1655* • *4815-5001*

7 Lulu of London
Das Angebot des exklusiven Schönheitssalons beinhaltet Haarentfernung, Aromatherapie und Massagen. Terminvereinbarung empfiehlt sich. ◎ *Karte N5* • *Rodríguez Peña 1057* • *4815-8471*

8 María Vásquez
Die blumengeschmückte Boutique bildet den perfekten Rahmen für die exquisite Mode für 20- bis 35-jährige Frauen. Die Preise sind gehoben. ◎ *Karte P4* • *Libertad 1632* • *4815-6333*

9 Celedonio
Der Juwelier fertigt außergewöhnliche Ketten in eindrucksvollem barocken Stil. Er verwendet Silber und Schmucksteine wie Jade, Korallen und Perlen. ◎ *Karte P4* • *Galería Promenade, Avda. Alvear 1883* • *4809-0046*

10 Benedit Bis
Die Schwestern Benedit entwerfen spannende Mode für junge Frauen. Die Designs aus luftigem Material haben kräftige Farben. ◎ *Karte P4* • *Galería Promenade, Avda. Alvear 1883* • *4806-0985*

 In jedem Laden der Stadt werden Einkäufe auf die Bitte para regalar *hin gern als Geschenk verpackt.*

Links **Teatro La Metropolitan** Mitte **Teatro Gran Rex** Rechts **Cadore**

TOP 10 Avenida Corrientes

1 Libreria Losada
Die mehr als 50 000 Titel in dem Buchladen bieten eine große thematische Vielfalt. ✆ Karte N6 • Avda. Corrientes 1551 • 4375-5001

2 Rigoletto Curioso
Der Laden verkauft Pop-Andenken und Reproduktionen. Die zum Sortiment gehörenden alten Theaterplakate sind fantastisch. ✆ Karte N6 • Avda. Corrientes 1660 • 6320-5310

3 Zum Edelweiss
Das Restaurant erinnert an die Blütezeit der Avenida Corrientes in den 1940er Jahren. Es wird seit 1933 von derselben Familie deutscher Abstammung geführt. ✆ Karte P5 • Libertad 431 • 4382-3351

4 Teatro La Metropolitan
Das Theater in einem Art-déco-Gebäude bringt einheimische Produktionen und Aufführungen im Broadway-Stil auf die Bühne. ✆ Karte P6 • Avda. Corrientes 1343 • 5219-0648

5 Bombonera Bombonella
Zu den süßen Souvenirs zählen große Zuckerherzen sowie nationale Wahrzeichen aus Schokolade. ✆ Karte P6 • Avda. Corrientes 1479 • 4371-0633

6 Teatro San Martín
Das staatliche Theater besitzt drei Säle und ein Programmkino. Es zeigt erstklassige Ballettaufführungen. ✆ Karte P6 • Avda. Corrientes 1530 • 0800-333-5254

7 Bar La Paz
Das 1944 eröffnete Café war einst bei Theaterbesuchern sehr beliebt. Auch wenn sich die Einrichtung stark verändert hat, ist es einen Besuch wert. ✆ Karte P6 • Avda. Corrientes 1593 • 4373-3647

8 Cadore
Die Familie Cadore gründete in den 1880er Jahren eine Eisdiele in Italien, in den 1950er Jahren kam sie nach Buenos Aires. Hausgemachtes Dulce-de-leche-Eis gehört zum Angebot. ✆ Karte P6 • Avda. Corrientes 1695 • 4373-9797

9 Teatro Gran Rex
Das 1937 im Stil des Art déco errichtete Theater gehört zu den berühmtesten Musik- und Schauspielstätten der Stadt. Das Haus beehrten schon etliche internationale Künstler. ✆ Karte Q6 • Avda. Corrientes 857 • 4322-8000

10 Correo Central
Das 1928 von Norbert Maillard als Hauptpostamt errichtete Gebäude ist ein herausragendes Beispiel der Beaux-Arts-Architektur. ✆ Karte R6 • Sarmiento 151

Viele Tango-Künstler besangen die Avenida Corrientes
www.todotango.com

Links **Notorious** Mitte **La Biela** Rechts **Clásica y Moderna**

TOP 10 Bars & Cafés

1 El Banderín
Das 1926 eröffnete Café ist ein Juwel. Gäste genießen Nostalgie, gute Sandwiches und ein *copa* (Glas) Wein. ❧ *Karte L5 • Guardia Vieja 3601, Almagro • 4862-7757*

2 Bar Celta
Die Lounge und Sofas sorgen für Entspannung. Die durchgehend geöffnete Bar bietet sich auch zum Frühstück nach einer Clubnacht an. Mittwochs gibt es Live-Jazz. ❧ *Karte N6 • Sarmiento 1702, Congreso • 4371-7338*

3 The Shamrock
Die Bar hat eine schicke Klientel. Am Wochenende spielen DJs in dem Club im Untergeschoss House. ❧ *Karte N5 • Rodríguez Peña 1220, Recoleta • 4812-3584*

4 Milión
Die romantische Galerie-Bar in einem Haus aus der Zeit um 1900 besitzt Jugendstiltreppen und Buntglasfenster. ❧ *Karte P5 • Paraná 1048, Recoleta • 4815-9925*

5 Notorious
Im hinteren Barbereich des Jazz-Cafés spielen Musiker, im vorderen Salon kann man über Kopfhörer Coltrane oder Ellington lauschen. ❧ *Karte N5 • Avda. Callao 966, Barrio Norte • 4813-6888*

6 Jack The Ripper
Die elegante Belle-Époque-Bar besitzt Kronleuchter, Antiquitäten und Samtsofas. ❧ *Karte P4 • Libertad 1275, Recoleta • 4816-7508*

7 Clásica y Moderna
Die mondäne Bar mit Ziegelwänden, gedämpftem Licht und Steinboden bietet jeden Abend Live-Tango. ❧ *Karte N5 • Avda. Callao 892, Barrio Norte • 4812-8707*

8 Gran Bar Danzón
Die Treppe vor dem Restaurant mit Weinbar ist von Kerzen erleuchtet, das Ambiente nüchtern-schick. Neben der köstlichen südamerikanischen Küche überzeugt die Weinkarte. ❧ *Karte P5 • Libertad 1161, Recoleta • 4811-1108*

9 Buller Brewing Company
Die Bar amerikanischen Stils braut eigenes Bier. An den Wochenenden herrscht muntere Party-Atmosphäre. ❧ *Karte P4 • Presidente Roberto M. Ortíz 1827, Recoleta • 4808-9061*

10 La Biela
Das historische Eckcafé war einst bei den Intellektuellen der Stadt und dem Rennfahrer Juan Manuel Fangio beliebt. Das Interieur ist original erhalten. Es gibt eine Terrasse. ❧ *Karte P4 • Avda. Quintana 596, Recoleta • 4804-0449*

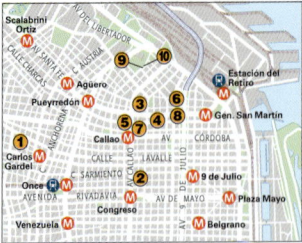

Duhau Restaurant

Preiskategorien

Preis für ein Drei-Gänge-Menü pro Person mit	**$**	unter 40 $
einer halben Flasche	**$$**	40–60 $
Wein, inkl. Steuern	**$$$**	60–100 $
und Service.	**$$$$**	100–140 $
	$$$$$	über 140 $

🔟 Restaurants

1 Mamá Jacinta
Das koschere Restaurant im jüdischen Viertel serviert Aschkenasim-, Sephardim- und argentinische Gerichte. ◈ *Karte M5 • Tucumán 2580, Congreso • 4962-9149 • $$$$*

2 Duhau Restaurant
In luxuriösem Ambiente mit Gewölbedecken genießen Gäste französisch inspirierte Speisen. ◈ *Karte P4 • Park Hyatt Buenos Aires, Avda. Alvear 1661 • 5171-1340 • $$$$$*

3 Nectarine
Die französische Küche in dem einladenden Restaurant ist superb, die Weinkarte exzellent. ◈ *Karte P4 • Vicente López 1661, Recoleta • 4813-6993 • $$$$$*

4 La Bourgogne
Das einzige *Relais-gourmand*-Restaurant der Stadt bietet eine hervorragende Weinauswahl und exzellente französische Küche. ◈ *Karte P4 • Alvear Palace Hotel, Ayacucho 2023, Recoleta • 4805-3857 • $$$$$*

5 Cantina Pierino
Die 1909 eröffnete italienische *cantina* besuchten Astor Piazzolla und Aníbal Troilo *(siehe S. 28)*. Es gibt hausgemachte Pasta sowie Fleisch- und Fischgerichte. ◈ *Karte L5 • Lavalle 3499, Abasto • 4864-5715 • $$$*

6 Status
Die authentische peruanische Küche ist preiswert. Das geschmorte Lamm, *ceviche* und der Pisco Sour sind köstlich. ◈ *Karte D1 • Virrey Cevallos 178, Congreso • 4382-8531 • $$$*

7 Campo dei Fiori
In der offenen Küche des in einem Herrenhaus ansässigen italienischen Restaurants werden Pasta, Fisch und Fleisch zubereitet. ◈ *Karte D2 • Venezuela 1411, Montserrat • 4381-1800 • $$$*

8 Cumaná
Neben regionalen Spezialitäten wie *locro* und *empanadas (siehe S. 52f)* wird italienische Kost serviert. ◈ *Karte N5 • Rodriguez Peña 1149, Recoleta • 4813-9207 • $$$*

9 Restó
In dem schönen Gebäude genießen Gäste exquisite moderne argentinische Gerichte. ◈ *Karte P5 • Montevideo 938, Recoleta • 4816-6711 • $$$*

10 El Cuartito
Das 1934 eröffnete Restaurant in Familienbesitz bietet leckere, original italienische Pizzas. ◈ *Karte P5 • Talcahuano 937, Barrio Norte • 4816-1758 • $*

Alle Preise in diesem Buch werden in Argentinischen Pesos (Abkürzung: $) angegeben.

Links **Filete-Schilder, Plaza Dorrego, San Telmo** Rechts **Parque Lezama**

San Telmo & La Boca

DIE BEZAUBERNDEN BARRIOS *San Telmo und La Boca bilden den mythen-reichen alten Süden der Metropole. San Telmo, einst koloniales Herz der Stadt, lockt mit Kopfsteinpflasterstraßen, die alte Kirchen, Kolonialbauten und Antiquitätenläden säumen. Trotz anhaltender sozialer Aufwertung prägen alt-eingesessene Cafés, bröckelnde Stuckfassaden und Tango-Bars das Arbeiter- und Künstlerviertel. Der Tango entstand in den conventillos. La Boca war der erste Hafen der Stadt. Vor Ankunft der italieni-schen Einwanderer in den 1880er Jahren war La Boca Heimat afrikanischer Skla-ven. Es ist eines der ärms-ten, aber kulturell vitalsten Viertel von Buenos Aires.*

Kunstverkauf, Calle Caminito

Attraktionen

1. Calle Caminito
2. La Bombonera
3. Fundación Proa
4. Casa Mínima
5. Parque Lezama & Museo Histórico Nacional
6. Plaza Dorrego
7. Museo de la Pasión Boquense
8. Iglesia Ortodoxa Rusa
9. Puente Transbordador
10. El Zanjón

In den conventillos, einfachen Mietunterkünften des 19. Jahr-hunderts, lebten oft mehrere Einwandererfamilien zusammen.

1 Calle Caminito

Die kurvige Kopfsteinpflasterstraße ist für die von italienischen Einwanderern errichteten farbigen *conventillos* berühmt. Die Häuser aus gewelltem Zinkblech wurden von den ursprünglichen Einwohnern mit Farbresten von dem nahe gelegenen Hafen bunt gestrichen. Heute sorgen Künstler, die ihre Werke verkaufen, stimmungsvolle Tango-Bars und Cafés für eine lebendige Atmosphäre. ◌ *Karte G6*

Die schmale Fassade der Casa Mínima

2 La Bombonera

Das Stadion (»Die Pralinenschachtel«; 1940) ist Heimat der Boca Juniors, eines der erfolgreichsten argentinischen Fußballclubs, für den auch Maradona kurzzeitig spielte. An Spieltagen herrscht hitzige Atmosphäre. Die drei Zuschauerränge ragen fast senkrecht empor. In dem Stadion finden auch Konzerte statt. ◌ *Karte G6 • Brandsen 805, La Boca • 4362-1100 • tägl. 10–18 Uhr • Eintritt • www.bocajuniors.com.ar*

3 Fundación Proa

Das in einem umgebauten Hafengebäude ansässige Kunstzentrum gehört zu den interessantesten der Stadt. In sechs Wechselausstellungen pro Jahr werden Hauptströmungen der zeitgenössischen Kunst präsentiert. Bisherige Ausstellungen zeigten z. B. Werke von Diego Rivera und Marcel Duchamps. ◌ *Karte G6 • Avda. Pedro de Mendoza 1929, La Boca • 4104-1000 • Di–So 11–19 Uhr • Eintritt • www.proa.org*

4 Casa Mínima

Das kleinste Haus in San Telmo misst zwei Meter auf acht Meter. Es diente einst als Torweg zu der benachbarten Villa. 1813 schenkte es der Hausherr seinen befreiten Sklaven. ◌ *Karte F3 • Pasaje Lorenzo 380, San Telmo • 4361-3002 • Führungen: Mo–Fr 10.30 Uhr & 16 Uhr • Eintritt • www.elzanjon.com.ar*

Zuschauerränge in dem Fußballstadion La Bombonera

Die farbenprächtige Volkskunst Filete, die Läden, Busse und Tango-Clubs ziert, kann man am besten in San Telmo erwerben.

5 Parque Lezama & Museo Histórico Nacional

Familien picknicken gern in dem weitläufigen Landschaftsgarten mit tropischen *Tipa*-Bäumen, Grünflächen und einem großen Aussichtsaltan. Der Park gehörte ursprünglich zum Anwesen der Familie Lezama. In dem wunderbaren Herrenhaus italienischen Stils ist heute das Historische Museum Argentiniens, das Museo Histórico Nacional, ansässig. Die faszinierenden Exponate erzählen die wechselvolle Geschichte des Landes von präkolumbischer Zeit bis in das 20. Jahrhundert, einschließlich der Gründung Buenos Aires' an dieser Stelle *(siehe S. 32)*. ◎ *Karte F4 • Defensa 1600, San Telmo • 4307-1182 • Mi–So 11–18 Uhr • Eintritt*

6 Plaza Dorrego

Die Plaza Dorrego im Zentrum San Telmos ist einer der ältesten und malerischsten Plätze der Stadt. Er ist von alten Tango-Bars und Cafés umgeben. Seine Ursprünge reichen in das 18. Jahrhundert zurück, als Gauchos hier von Wagen ihre Waren verkauften. Heute ist der Platz wegen der sonntäglichen Feria de Antigüedades bekannt *(siehe S. 18)*. Unter der Woche ist die Plaza ein hübscher Ort für Drinks und Snacks im Freien. ◎ *Karte F3*

7 Museo de la Pasión Boquense

Das Museum widmet sich hingebungsvoll dem ruhmreichen Fußballclub Boca Juniors. Ausgestellt sind Trophäen und alte Spielertrikots. Zu den präsentierten Aufzeichnungen zählen Filmaufnahmen aus den 1920er Jahren. Besucher können sich mit einem Abbild Maradonas fotografieren lassen oder im Vereinsshop eine Flasche La-Boca-Wein kaufen. ◎ *Karte G6 • Brandsen 805, La Boca • 4362-1100 • tägl. 10–18 Uhr • Eintritt • www.museoboquense.com*

8 Iglesia Ortodoxa Rusa

Der Bau der russisch-orthodoxen Kirche 1901 festigte den Status San Telmos als Schmelztiegel der Kulturen. Das beeindruckende blau-weiße Gebäude mit Zwiebeltürmen gleicht den Kirchen der russischen Hauptstadt, wo es entworfen wurde. Die Errichtung wurde vom russischen Zaren und der orthodoxen Gemeinde Buenos Aires' finanziert. ◎ *Karte F4 • Avda. Brasil 315, San Telmo*

9 Puente Transbordador

Die 1908 errichtete Schwebefähre, La Bocas größtes Wahrzeichen, ist eines von etwa ein Dutzend verbliebenen Bauwerken dieser Art auf

Iglesia Ortodoxa Rusa

Puente Transbordador

der Welt. Die mächtige Eisenkonstruktion überspannt den Río Riachuelo, der das Zentrum von Buenos Aires von den von Armut und Kriminalität geprägten Randgebieten trennt. Die Fähre transportierte einst Fußgänger, Autos und Straßenbahnen über den Fluss. 1939 übernahm der unmittelbar hinter der Brücke stehende Puente Nicolás Avellaneda diese Funktion. Der Puente Transbordador ist in vielen Tango-Filmen zu sehen. ® *Karte H6 • Pedro de Mendoza, Ecke Almirante Brown*

El Zanjón

El Zanjón (»Der Graben«) ist ein archäologisches Juwel. Das in den 1840er Jahren für die Familie Miguens errichtete Herrenhaus wurde später in ein *conventillo*, eine Einwandererunterkunft, umgestaltet. Die Hauptattraktion liegt jedoch unter dem Haus: Das Fundament bedeckt die Ruinen von Kolonialhäusern, die von frühen Siedlern an den Ufern zweier zusammenfließender Bäche erbaut wurden. Neben den Ruinen verlaufen Tunnel, die die Bäche aus hygienischen Gründen einschlossen. Die Anlage kann auf faszinierenden Führungen erkundet werden. ® *Karte F3 • Defensa 755, San Telmo • 4361-3002 • Führungen (1 Std., nur nach Anmeldung): Mo–Fr 11–16 Uhr, So 13–18 Uhr • Eintritt • www.elzanjon.com.ar*

Ein Tag in San Telmo & La Boca

Vormittag

Beginnen Sie den Tag mit einem starken Kaffee in der **Bar Plaza Dorrego** *(siehe S. 77)* in San Telmo. Auf dem Weg nach Dorrego in nördlicher Richtung können Sie in Antiquitätenläden und Kunstgalerien stöbern. Auf dem **Mercado de San Telmo** *(siehe S. 19)* wird frisches Obst verkauft. Erkunden Sie die Tunnel und Ruinen von **El Zanjón**, bevor Sie die **Casa Mínima** besuchen. Biegen Sie in die nächste Straße rechts ein. Die Calle Balcarce säumen Kolonialbauten. Auf dem Weg zurück zur **Plaza Dorrego** und zum **Parque Lezama** können Sie die **Iglesia Nuestra Señora de Belén** *(siehe S. 19)* besichtigen. Nach einem Steak zu Mittag im **Lezama** *(siehe S. 77)* empfiehlt sich ein Spaziergang durch den bezaubernden Park.

Nachmittag

Fahren Sie mit dem Bus Nr. 29 nach San Telmo bis zur Endhaltestelle in La Boca. Im Norden liegt der **Puente Transbordador**, südlich die **Calle Caminito**. Erkunden Sie die Straße – ein Freilichtmuseum mit bunten Häusern – und betrachten Sie die Werke der Künstler. Die rechts abzweigende Calle Garibaldi führt zu **La Bombonera**. Nach der Stadionbesichtigung wartet das **Museo de la Pasión Boquense**. Gehen Sie nun den gleichen Weg zurück. Am Hafen liegt die **Fundación Proa**, die moderne Kunst präsentiert. Im **Patagonia Sur** *(siehe S. 77)* in San Telmo können Sie den Tag bei einem Essen und Tango ausklingen lassen.

 Vorsicht: Die Gegend um den Puente Transbordador ist gefährlich. Man sollte dort nicht spazieren gehen.

Links **L'Ago** Mitte **Flavio Seratti Arte y Antigüedades** Rechts **Silvia Petroccia**

TOP10 Galerien & Antiquitätenläden

1 Gil Antigüedades
Das Angebot beinhaltet Damenmode der 1920er Jahre, alte Portemonnaies und Babykleidung aus dem 19. Jahrhundert.
⊗ *Karte F3 • Humberto 1°, 412 • 4361-5019 • www.gilantiguedades.com.ar*

2 Guevara Art Gallery
Die Galerie bietet Art-déco- und Jugendstilstücke, v. a. Möbel und Dekorationsgegenstände.
⊗ *Karte F3 • Defensa 982 • 4362-7718*
• www.guevaragallery.com

3 Silvia Petroccia
Der reizende Laden ist mit italienischen und französischen Antiquitäten aus dem 18. und 19. Jahrhundert gefüllt.
⊗ *Karte F3 • Defensa 1002 • 4362-0156*
• www.spantiques.com.ar

4 Wussmann
Die Galerie zeigt sowohl Werke arrivierter Künstler als auch Arbeiten aufstrebender Talente.* ⊗ Karte F2 • Venezuela 574*
• 4343 4707 • www.wussmann.com

5 HB Antigüedades
Der Laden bietet französische Gemälde, Möbel und Schmuck aus dem 19. Jahrhundert.
⊗ *Karte F3 • Defensa 1016 • 4361-3325*
• www.hbantiques.com.ar

6 Espacio Ecléctico
Die Galerie im Zentrum San Telmos fördert junge Künstler. Die Werke umfassen Skulpturen, Gemälde und Fotografien. ⊗ *Karte F4*
• Humberto 1° 730 • 4307-1966
• www.espacioeclectico.com.ar

7 L'Ago
Der Spezialist für Wohnaccessoires betont das Unkonventionelle und Exzentrische – von grell pinkfarbenen Sofakissen bis zu Armbändern mit katholischen Symbolen und Heiligen.
⊗ *Karte F3 • Defensa 919 & 970 • 4362-3641 • www.lagosantelmo.com*

8 Mitra
Die moderne Galerie verkauft wunderbare Kunst, darunter abstrakte Arbeiten regionaler Künstler. ⊗ *Karte F4 • Defensa 1444 • 4307-0659*

9 Flavio Seratti Arte y Antigüedades
Zu den Antiquitäten aus den 1920er und 1960er Jahren zählen Art-déco-Stücke aus Europa und Skurrilitäten wie Schmuckkästchen aus Haifischhaut. ⊗ *Karte F3*
• Defensa 914 • 4361-1258

10 Appetite
Die Galerie zeigt ausgefallene Fotografien, Gemälde und Installationen junger Künstler aus der Region. Die Exponate wechseln monatlich.
⊗ *Karte F2 • Chacabuco 551 • 4331-5405*
• www.appetite.com.ar

Kunsthandwerksläden in Buenos Aires **siehe S. 38f**

Preiskategorien		
Preis für ein Drei-Gänge-Menü pro Person mit einer halben Flasche Wein, inkl. Steuern und Service.	**$**	unter 40 $
	$$	40 – 60 $
	$$$	60 – 100 $
	$$$$	100 – 140 $
	$$$$$	über 140 $

Weinauswahl in der Brasserie Petanque

🔟 Bars & Restaurants

1 647

Das schicke Restaurant eignet sich perfekt für einen romantischen Abend zu zweit. Die moderne argentinische Küche kann man in Separees bei Kerzenschein oder im großen Gastraum genießen. ✆ *Karte E3* • *Tacuarí 647* • *4331-3026* • *$$$$*

2 Bar Plaza Dorrego

San Telmos romantischste Kneipe besitzt einzigartigen Charme – von dem Mosaikboden über die Holzvitrinen bis hin zur abgenutzten Bar. ✆ *Karte F3* • *Defensa 1098* • *4361-0141* • *$$$*

3 Gibraltar

Das britische Pub serviert gute Speisen wie scharfe Currys und riesige Burger. Es gibt einen Billardtisch und eine Veranda. ✆ *Karte F3* • *Perú 895* • *4362-5310* • *$$$*

4 Lezama

In der traditionellen familienbetriebenen *parrilla* schrieb Ernesto Sábato *Hombres y Engranajes*. Die Tische am Fenster bieten Blick auf den Parque Lezama *(siehe S. 74)*. ✆ *Karte F4* • *Brasil 359* • *4361-0114* • *$$$*

5 Comedor Nikkai

Anders als trendige Sushi-Bars reicht das bei ortsansässigen Japanern beliebte Lokal traditionelle Gerichte. ✆ *Karte F3* • *Avda. Independencia 732* • *4300-5848* • *$$$*

6 Patagonia Sur

Das Restaurant des Spitzenkochs Francis Mallmann ist eine Klasse für sich. Es bietet moderne argentinische Küche in wunderschönem Interieur. ✆ *Karte G6* • *Rocha 801* • *4303-5917* • *$$$$$*

7 Brasserie Petanque

Die Küche der französischen Brasserie ist original pariserisch. Die Atmosphäre ist bezaubernd. Die Speisekarte wird auf antike Spiegel geschrieben. ✆ *Karte F2* • *Defensa 596* • *4342-7930* • *$$$*

8 Amici Miei

Das Amici Miei bietet schöne Sicht auf die Plaza Dorrego *(siehe S. 74)*. Auf der Karte stehen leckere italienische Gerichte. ✆ *Karte F3* • *Defensa 1072* • *4362-5562* • *$$$$*

9 Antigua Tasca de Cuchilleros

Die *parrilla* befindet sich in einem Haus aus die 1730er Jahren mit Lehmmauern und Dachbalken. Unter dem Fußboden verlaufen alte Geheimtunnel. ✆ *Karte F3* • *Carlos Calvo 319* • *4300-5798* • *$$$$$*

10 Don Carlos

Das fabelhafte, vielseitige Angebot in dem Restaurant beinhaltet üppige Portionen *picadas* (Tapas) aus Pizza, Pasta, *pescado* (Fisch) und Fleisch. ✆ *Karte G6* • *Brandsen 699* • *4362-2433* • *$$$*

➡ *Restaurant-Tipps* **siehe S. 111**

Links **Plaza de Mayo** Rechts **Plaza San Martín**

Microcentro, Puerto Madero & Retiro

DIE PLAZA DE MAYO *ist seit Jahrhunderten ein Fixpunkt des kulturellen und städtischen Lebens von Buenos Aires. Das nahe gelegene Puerto Madero dagegen wurde erst 2007 in das Verkehrsnetz der Stadt integriert. Die beiden Gegenden stehen für die Liebe der* Porteños *zur Vergangenheit und die Begeisterung für die Moderne. Die Plaza de Mayo prägt Microcentro, das Wirtschafts- und Finanzzentrum der Stadt. Die von zahlreichen Buchläden und Boutiquen sowie von Straßenmusikern gesäumte Fußgängerzone Calle Florida verläuft von der Plaza de Mayo zur prächtigen Plaza San Martín. Der abschüssige Platz ist das Herz Retiros. An der Avenida Alem liegt der imposante, von britischen Architekten errichtete Bahnhof Retiro. Südlich befinden sich restaurierte Ziegelbauten – einstige Handelshäuser – und das Gewerbegebiet von Puerto Madero, ein Ausdruck des neuen Selbstbewusstseins der Stadt.*

Obelisco de Buenos Aires

🔟 Attraktionen

1. Plaza San Martín
2. Calle Florida
3. Obelisco de Buenos Aires
4. Centro Cultural Borges
5. Puente de la Mujer
6. Reserva Ecológica Costanera Sur
7. Basílica Nuestra Señora de la Merced
8. Museo Mitre
9. Plaza de Mayo
10. Plaza Embajada de Israel

Stadtteile – Microcentro, Puerto Madero & Retiro

1 Plaza San Martín

Der gepflegteste Platz der Stadt *(siehe S. 36)* ist rundum bezaubernd. Auf dem höchsten Punkt an der Avenida Santa Fe steht eine gewaltige Statue. Sie zeigt den siegreichen General San Martín zu Pferde. Auf dem Bogenrand des Sockels sitzend verbringen Angestellte gern die Mittagspause. Auf den gepflegten Rasenflächen kann man im Schatten von Palmen, stattlichen Ombubäumen und Eichen entspannen. Von Ende Oktober bis Mitte Dezember tragen die Jacarandabäume neben der Treppe zum Denkmal für die Gefallenen des Falklandkriegs lila Blüten. ◈ *Karte Q5*

Reiterstandbild San Martíns

2 Calle Florida

Zehn Häuserblocks reinen Konsumrausches mögen abschreckend wirken, die Vielfalt der Läden an der Calle Florida und das Vergnügen, Leute zu beobachten, faszinieren jedoch. Imbissbuden liegen neben teuren Juwelierläden, Menschentrauben um Tango-Tänzer und Zauberer blockieren die Gehsteige. Verkäufer werben mit Flugblättern für maßgeschneiderte Lederjacken. Am besten geht man mit dem Strom von der Plaza de Mayo zur Plaza San Martín, um zum Abschluss die Ruhe des Platzes zu genießen. ◈ *Karte Q5*

3 Obelisco de Buenos Aires

Monumentale Skulpturen können kaum verwegener sein als der 67 Meter hohe Obelisk auf der Avenida 9 de Julio, der 1936 anlässlich des 400. Jahrestags der Stadtgründung errichtet wurde. Heute ist er Orientierungspunkt für Besucher und *Porteños*. Nach Siegen des von ihnen unterstützen Teams treffen sich Fußballfans üblicherweise an dem Monument *(siehe S. 20)*.

4 Centro Cultural Borges

Ein Kulturzentrum in einer Shopping-Mall scheint fehl am Platz. Das Konzept des Centro Cultural Borges indes überzeugt. Es widmet sich Argentiniens bedeutendstem Autor *(siehe S. 33)*. Auf drei Etagen sind Briefe und Gedichte ausgestellt, die Wirkung Borges' wird erläutert. Im Vorführsaal begeistert Avantgarde-Tango die Zuschauer. Im Flügel für Bildende Kunst wurden bereits Werke von Joan Miró und Salvador Dalí gezeigt. ◈ *Karte Q5*
• *Galerías Pacífico, Biamonte 125 • 5555-5359 • Mo–Sa 10–21 Uhr, So 12–21 Uhr*
• *Eintritt • www.ccborges.org.ar*

Das Centro Cultural Borges in den Galerías Pacífico

San Martín ist der Nationalheld Argentiniens. Der »Orden des Befreiers San Martín« ist die höchste Auszeichnung im Land.

Puente de la Mujer

Der Name der von dem spanischen Architekten Santiago Calatrava entworfenen Brücke bezieht sich auf die Straßen in Puerto Madero, die berühmte Argentinierinnen ehren. Die Einweihung der Brücke 2001 sollte den Eintritt Buenos Aires' in das 21. Jahrhundert markieren, aber der Sturz der Regierung dominierte die Schlagzeilen. Die Form der Brücke ist eindrucksvoll. Sie erinnert an einen Tänzer, der sich über seine Partnerin beugt – eine Hommage an den Tango. ◈ *Karte G2 • Dique 3*

Reserva Ecológica Costanera Sur

Das faszinierende Naturreservat durchzieht ein Netz von Kieswegen. Zwischen hohen Sumpfgräsern, Ombubäumen und blühenden Büschen leben Meeresvögel, Eidechsen und Singvögel. Die an warmen Tagen beliebten schattigen Picknickplätze bieten freien Blick auf den Fluss. Auf der Website des Parks lassen sich auch Mondscheinführungen buchen. ◈ *Karte H1 • Avda. Tristán Achával Rodríguez 1550 • 4315-4129 • Apr–Okt: Di–So 8–18 Uhr; Nov–März: Di–So 8–19 Uhr • www.buenosaires.gov.ar*

Basílica Nuestra Señora de la Merced

Die Basilika (1779) liegt mitten im Trubel Microcentros. Sie ist die dritte Kirche der Barmherzigen Muttergottes an dieser Stelle. Die erste entstand 1604. Die barocken Altäre gehören zu den schönsten der Stadt. Interessant ist das Fassadenrelief mit politischer Aussage: General Belgrano (1770–1820) reicht der Muttergottes eine im Krieg gegen Spanien errungene Trophäe. ◈ *Karte F1 • Calle Reconquista 207 • tägl. 8–19 Uhr*

Museo Mitre

Der Wohnsitz des Präsidenten Bartolomé Mitre (1821–1906) wurde 1907 als Museum eröffnet. Besucher erhalten detaillierten Einblick in das Leben Mitres nach Niederlegung der Amtsge-

Der elegante Puente de la Mujer

Basílica Nuestra Señora de la Merced

schäfte. Die Bibliothek und der Leseraum enthalten auch Briefe von argentinischen Generälen. Die historische Einrichtung, von dem originalen Porzellan des Badezimmers bis zu den spanischen Fliesen im Hof, ist wunderbar erhalten. ⊗ *Karte F1 • Calle San Martín 336 • 4394-8240 • Mo–Fr 13–17.30 Uhr; Jan & Feb geschl. • Eintritt*

Plaza de Mayo
Die symmetrische Anlage des Platzes kaschiert die vielen Veränderungen, die die heutige Form bewirkten: 1889 wurden drei Bogen entfernt, um Platz für die Avenida de Mayo zu schaffen. 1931 machte der Bau des Boulevards Julio A. Roche den Abriss dreier weiterer Bogen notwendig *(siehe S. 8f)*.

Plaza Embajada de Israel
Die 29 Bäume erinnern an die 29 Opfer des Bombenanschlags auf die israelische Botschaft im Jahr 1992 *(siehe S. 33)*. Deren Namen sind in die Mauer auf dem Platz eingraviert. Der an dem angrenzenden Gebäude noch sichtbare Umriss der Botschaft vermittelt einen Eindruck vom Ausmaß der Tragödie. ⊗ *Karte Q4 • Ecke Calle Suipacha & Arroyo • tägl. • Eintritt frei*

Ein Tag in Microcentro, Puerto Madero & Retiro

Vormittag

🕐 Die Kreuzung von Avenida de Mayo und Avenida 9 de Julio ist mit den U-Bahn-Linien A und C erreichbar. Die Homenaje al Quijote bietet Blick auf den **Obelisco de Buenos Aires**. Folgen Sie der **Avenida de Mayo** *(siehe S. 8)* zur **Plaza de Mayo**. Der Weg führt am **Cabildo de Buenos Aires** und **La Catedral Metropolitana** *(siehe S. 8)* mit dem Grab General San Martíns vorbei. Biegen Sie in die Calle San Martín ein,

☕ um in einem der Cafés der **Galería Güemes** *(siehe S. 39)* Kaffee und *alfajores* *(siehe S. 53)* zu genießen und die Passage aus dem frühen 20. Jahrhundert zu bewundern. Gehen Sie auf die **Calle Florida** hinaus.

🕐 Frönen Sie dem Shopping-Rausch, bevor Sie der Calle Juan Domingo Perón nach Puerto Madero folgen.

Nachmittag

Kaufen Sie eine Flasche Wasser an einem der Kioske in Puerto Madero. Fahren Sie mit dem Taxi zum nördlichen Eingang des **Reserva Ecológica Costanera Sur**. In dem Park können Sie viele Vögel beobachten. Entspannen Sie an einem der schattigen Picknickplätze mit Blick auf den Fluss und die Silhouette der Stadt. Gehen Sie dann zur Avenida Córdoba. Folgen Sie der Straße bis zur Calle San Martín. Bei **FILO** *(siehe S. 85)* gibt es leckere Pizza-Kreationen. Spazieren Sie nach Retiro, um in den Kunsthandwerksläden zu stöbern *(siehe S. 38f)*. Unter den Bäumen der grünen **Plaza San Martín** können Sie den Tag ausklingen lassen.

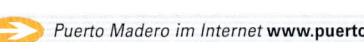

Links **Plata Nativa** Rechts **Millai Sumaj**

TOP 10 Shopping

1 Plata Nativa
In dem Laden werden südamerikanische Volkskunst und Schmuck ansprechend präsentiert. ⊗ *Karte Q5 • Galería del Sol, Calle Florida 860 • 4312-1398*

2 Blaqué
Der vornehme Laden bietet glamouröse Lederjacken, Handtaschen und Schuhe. ⊗ *Karte Q5 • Galerías Pacífico, Calle Florida 725 • 5555-5215*

3 Antigüedades Antigüa
Neben traditionellem argentinischen Spielzeug gehören Bücher und Haushaltswaren zum Sortiment. ⊗ *Karte Q6 • Calle Suipacha 228 • 5029-0133*

4 Polo Club
Der kleine Laden mit der Atmosphäre eines Country-Clubs bietet hochwertige Freizeitmode aus Baumwolle und Lederaccessoires. ⊗ *Karte R6 • Calle Juana Manuela Gorriti 740, Dique 4 • 5238-0137*

5 Adolfo Martínez Armas Antiguas
Der in den Galerías Larreta ansässige Laden verkauft nationale und internationale Militärandenken. ⊗ *Karte Q5 • Galerías Larreta, Calle Florida 971 • 4311-7305*

6 Millai Sumaj
Die elegante Damenmode wird aus Merino- und

Lamawolle handgefertigt. Das Rohmaterial stammt aus argentinischen Betrieben. ⊗ *Karte Q5 • Galerías Larreta, Calle Florida 971*

7 Artistas Jóvenes Argentinos
Der exzellente Laden vertreibt die Werke von einigen der progressivsten jungen Maler Argentiniens. ⊗ *Karte Q5 • Galerías Larreta, Calle Florida 971*

8 Autoria
Von einheimischen Künstlern gefertigte Haushaltswaren, limitierte T-Shirts mit Siebdruck und Werke aus verschiedenen Materialien verleihen dem Laden einen Touch MALBA *(siehe S. 22f).* ⊗ *Karte Q5 • Calle Suipacha 1025*

9 Se Dice de Mí
Der Laden verkauft von Filmen der 1960er Jahre inspirierte T-Shirts, aus recyceltem Material gefertigte Handtaschen sowie Dessous. ⊗ *Karte Q5 • Calle Maipú 944 • 4311-1005*

10 Tango Brujo
Viele Tanzpaare tragen den Tango-Nuevo-Stil von Tango Brujo. Der elegante Laden im Erdgeschoss bietet edle Tango-Mode, eine exzellente Musikauswahl und hervorragend angepasstes Schuhwerk. ⊗ *Karte Q5 • Calle Esmeralda 754 • 4325-8264*

Shopping-Tipps siehe S. 110

Preiskategorien

Preis für ein Drei-Gänge-	**$**	unter 40 $
Menü pro Person mit	**$$**	40–60 $
einer halben Flasche	**$$$**	60–100 $
Wein, inkl. Steuern	**$$$$**	100–140 $
und Service.	**$$$$$**	über 140 $

Florida Garden

🔟 Bars & Restaurants

Stadtteile – Microcentro, Puerto Madero & Retiro

1 La Cigale
Electronica- und Bossa-Nova-Klänge erfüllen die bei Künstlern und Schriftstellern beliebte, stimmungsvolle Bar. ✎ *Karte Q5 • Avda. 25 de Mayo 722 • 4312-8275 • $*

2 Cabaña Las Lilas
Die günstigen Mittagsangebote überzeugen auch Preisbewusste, in dem wohl besten Steakhaus der Stadt zu speisen. ✎ *Karte R6 • Alicia Moreau de Justo 516, Puerto Madero • 4313-1336 • $$$$$*

3 Sabot
Im Sabot stimmt alles – von dem perfekt gebratenen Bries über den gegrillten Fisch bis hin zur Weinkarte und dem unaufdringlichen Service. ✎ *Karte Q5 • 25 de Mayo 756 • 4313-6587 • abends geschl. • $$*

4 FILO
Die fantasievolle Einrichtung spiegelt die Kreativität der Pizzeria, die unverwechselbare Pasteten und Salate serviert. In dem Lokal finden auch Gemäldeausstellungen statt. ✎ *Karte Q5 • Calle San Martin 975 • 4311-1871 • $$*

5 Tribeca
Das moderne Lokal lockt mit exquisiten Fisch-, Fleisch- und Pastagerichten. Wein wählen Gäste aus der kleinen Weinboutique. ✎ *Karte Q5 • Tucumán 271, Microcentro • 4312-8337 • $$$$*

6 Tomo I
In gediegenen Räumlichkeiten werden köstliche *Porteño*-Gerichte serviert. ✎ *Karte P6 • Calle Carlos Pellegrini 521, Microcentro • 4326-6695 • $$$$*

7 El Patio
Das lebhafte Lokal bietet erschwingliche, bodenständige *Porteño*-Küche. ✎ *Karte Q6 • Ex-Convento Grande de San Ramón Nonato, Calle Reconquista 269 • 4343-0290 • $*

8 Dadá
In dem hellen, mit Antiquitäten eingerichteten Restaurant genießen Geschäftsleute und Trendsetter den Lunch und die lange Happy Hour. ✎ *Karte Q5 • Calle San Martín 941 • 4314-4787 • $$*

9 Florida Garden
Das moderne Lokal war einst Treffpunkt von Intellektuellen: Borges *(siehe S. 59)* genoss die Pizzas und debattierte mit Freunden und Bewunderern. ✎ *Karte Q5 • Calle Florida 899 • 4312-7902 • $*

10 Hip Bar
In dem irisch angehauchten Pub nehmen Angestellte aus Microcentro nachmittags *tortilla española* ein. Abends sorgen britischer Rock und die günstigen Bierpreise ab 18 Uhr für lebendige Atmosphäre. ✎ *Karte F2 • Calle Hipolito Yrigoyen 640 • 4342-0234 • $*

Links **Plaza Serrano** Rechts **Edelboutique in einer Straße in Palermo**

Palermo

PALERMO GILT WELTWEIT ALS SYNONYM *für die modische, trendige Seite Argentiniens. Nach der Wirtschaftskrise um die Jahrtausendwende siedelten sich in dem Viertel zahllose elegante Modeboutiquen, minimalistische Hotels und schicke Restaurants an. In den renovierten casas chorizos von Palermo Viejo sind Tattoo-Studios und modische Friseursalons untergebracht. Palermo Chico dagegen kennzeichnen klassizistische Botschaftsgebäude und stattliche Villen. Zwischen den beiden so unterschiedlich geprägten Gegenden liegt die schönste Parklandschaft von Buenos Aires – eine weite Grünfläche, die sich von Recoleta durch den barrio Belgrano erstreckt.*

Zeitgenössische Kunst im Museo de Arte Latinoamericano de Buenos Aires (MALBA)

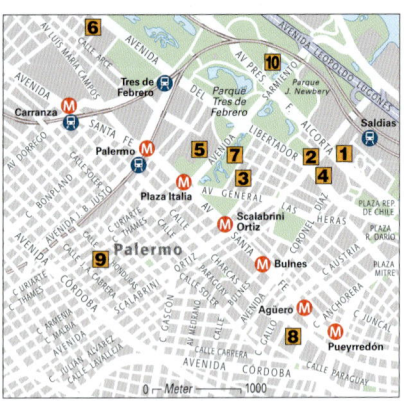

Attraktionen

1. Museo de Arte Latinoamericano de Buenos Aires (MALBA)
2. Jardín Japonés
3. Museo Evita
4. Museo de Arte Popular José Hernández
5. Sociedad La Rural
6. Campo Argentino de Polo
7. Zoo Buenos Aires
8. Museo Xul Solar
9. Plaza Serrano
10. Planetario Galileo Galilei

Palermo im Internet **www.palermonline.com.ar**

Museo de Arte Latino-americano de Buenos Aires (MALBA)

Lateinamerikanische Kunst wurde lange Zeit von Sammlern wenig geschätzt. In den 1980er und 1990er Jahren führte Eduardo Constantinis Erwerb von *Rioplatense*-Kunst zu einer Neubewertung von Xul Solar, Hélio Oitica, und Roberto Matta. Werke der Künstler erzielten auf Auktionen Rekordpreise. Heute zeigt das renommierte MALBA die Sammlung Constantinis *(siehe S. 22f)*.

Jardín Japonés

Der 1967 eröffnete japanische Garten beherbergt Koi-Teiche, Brücken, Bonsai-Bäume, Schreine und Pagoden. Der Jardín Japonés wurde der Stadt von den japanischen Einwohnern geschenkt. Das Sushi-Café in der Parkanlage serviert den ganzen Tag über hervorragende Sashimi. ✆ *Karte M2 • Ecke Avda. Figueroa Alcorta & Casares • 4804-4922 • tägl. 10–18 Uhr; Restaurant: Mo–Do 10–18.30 Uhr & 19.30–24 Uhr, Fr–So nach Reservierung • Eintritt • www.jardinjapones.org.ar*

Jardín Japonés

Museo Evita

Museo Evita

Eva Perón stand ihrem Ehemann Juan Perón in politischer Rhetorik und Charisma nicht nach. Sie bleibt aufgrund ihrer Schönheit, Grazie und zarten Gesundheit in Erinnerung. Das Museum in einem eleganten Gebäude, das einst argentinischen Frauen auf Arbeitssuche als Unterkunft diente, wurde 1948 von Evita eingeweiht. Ausgestellt sind Kleider der Präsidentengattin, Briefe, Ausweise und Werbeplakate. Die Videoaufnahmen von politischen Veranstaltungen sind untertitelt. ✆ *Karte L3 • Calle Lafinur 2988 • 4807-0306 • Di–So 11–19 Uhr • Eintritt • kostenlose englische Führungen • www.museoevita.org*

Museo de Arte Popular José Hernández

Das Museum ehrt die Vielseitigkeit Argentiniens. Es ist nach dem »argentinischen Homer« José Hernández *(siehe S. 33)* benannt, dem Autor des epischen Gedichts *Martín Fierro* (1872). Auf zwei Etagen werden Volkskunst, Waffen, Textilien und Schmuck gezeigt. Exponate stammen aus der arktischen Tierra del Fuego wie auch aus den Regenwäldern von Misiones. Das einstige Hotel besitzt einen hübschen Garten. ✆ *Karte M2 • Avda. del Libertador 2373 • 4803-2384 • Mi–Fr 13–19 Uhr, Sa & So 10–20 Uhr • Eintritt • Führungen: 4801-9019 • www.museo hernandez.org.ar*

Sociedad La Rural

5 Die Sociedad Argentina Predio la Rural, kurz La Rural, hat seit 120 Jahren ihren Sitz an der Ecke der Avenidas Sarmiento und Santa Fe. Auf dem Gelände finden Reitervorführungen, Tierauktionen, die jährliche Landwirtschaftsmesse *(siehe S. 42f)* und die spektakuläre Opera Pampa *(siehe S. 35)* statt. ☒ *Karte L2* • *Avda. Sarmiento 2704* • *4777-5500* • *www.larural.com.ar*

Campo Argentino de Polo

6 Polo – die Sportleidenschaft der Oberschicht – ist in Argentinien seit mehr als einem Jahrhundert beliebt. Das klassizistische Campo Argentino de Polo,

auch La Catedral genannt, ist das Zentrum des Sports in Argentinien. Es fasst 30 000 Zuschauer. Karten für die offene Meisterschaft im Dezember sind schwer zu bekommen. Tickets für die Qualifikationsrunden im Frühjahr, die einen guten Einblick in die Sportart bieten, sind preiswerter. ☒ *Karte K1* • *Arevalo 3065* • *4777-6444* • *Sep–Dez* • *www.aapolo.com; www.ticketek.com.ar*

Zoo Buenos Aires

7 Viele Gehege des Zoos bilden die natürlichen Lebensräume der Tiere nach. Die Elefanten wandern um einen kleinen indischen Tempel, die kleinen Pandas um einen chinesischen Pavillon. Die berühmtesten Zoobewohner sind die weißen Königstiger. ☒ *Karte L2* • *Ecke Avda. Las Heras & Sarmiento* • *4011-9900* • *Di–So 10–18 Uhr* • *Eintritt* • *www.zoobuenosaires.com.ar*

Elefanten im Zoo Buenos Aires

Museo Xul Solar

8 Das Museum in dem einstigen Wohnhaus Xul Solars zeigt die unbegrenzte Vorstellungskraft des bedeutendsten argentinischen abstrakten Expressionisten. Die Ausstellung verdeutlicht

Campo Argentino de Polo

Polo wurde 1873 von Briten, die beim Eisenbahnbau beschäftigt waren, nach Argentinien gebracht.

Drago (Drachen), Museo Xul Solar

die von der europäischen Kunst beeinflusste Entwicklung der metaphysischen Sprache Solars. Die mehrere Ebenen umfassende Galerie bringt die von Solar verwendete Farbpalette – die leuchtenden Pastelltöne – hervorragend zur Geltung. ◉ *Karte M4 • Calle Laprida 1212 • 4824-3302 • Di–Fr 12–20 Uhr, Sa 12–19 Uhr • Eintritt • kostenlose Führungen: Di & Do 16 Uhr, Sa 15.30 Uhr • www.xulsolar.org.ar*

Plaza Serrano

Die Plaza Serrano (offiziell Plaza Julio Cortázar) ist das Zentrum von Palermo Viejo. An dem schlichten Platz laufen die elegantesten Straßen des Viertels aus allen Richtungen zusammen. ◉ *Karte K3 • Ecke Calle Borges & Honduras*

Planetario Galileo Galilei

Das Gebäude – eine auf drei Stützen ruhende riesige Kugel – wirkt wie ein Raumschiff aus einem Science-Fiction-Film. Das Planetarium gehört zu den wichtigsten astronomischen Forschungszentren des Landes. Vorführungen zeigen faszinierende Satellitenbilder. Drei im Nordwesten Argentiniens geborgene Meteoriten bilden die Hauptattraktion. ◉ *Karte M1 • Ecke Avda. Sarmiento & Belisario Roldán • 4771-9393 • Vorführungen (stündlich): Di–Fr 13–16.30 Uhr, Sa, So & Feiertage 14–18 Uhr • Eintritt • www.planetario.gov.ar*

Ein Tag in Palermo

Nachmittag

Beginnen Sie den Nachmittag mit einem Spaziergang durch das Straßenlabyrinth östlich der Avenida Figueroa Alcorta entlang der prächtigen Villen und Botschaften. Im **Museo de Arte Latinoamericano de Buenos Aries (MALBA)** können Sie selbst beurteilen, ob das beeindruckende Gebäude die ausgestellten lateinamerikanischen Kunstwerke in den Schatten stellt. Besuchen Sie auch den fantastischen Museumsladen. Folgen Sie nun der Avenida Figueroa Alcorta zum **Jardín Japonés**. Sollten Sie beim Anblick der Koi Appetit auf Sushi bekommen, genießen Sie *omakase* (oder köstlichen Kuchen und Tee) im Restaurant des Gartens. Im **Museo Evita** an der Calle Lafinur erhalten Sie anschließend Einblick in das Leben der einstigen argentinischen First Lady.

Abend

Fahren Sie von der Plaza Italia mit dem Bus Nr. 93 zur Calle Honduras, an der die meisten internationalen Bistros von Palermo liegen. Wenn Ihnen der Sinn nach *picada* und preiswerten Drinks steht, gehen Sie die Calle Honduras bis zur Calle Bonpland hinunter. Bei **Acabar** *(siehe S. 92)* können Sie bei Jenga oder einem Brettspiel ein Bier genießen. Auch die Cocktailkarte in der bunt gestalteten Bar ist sehr gut. Wählen Sie anschließend an der Kreuzung Calle Honduras und Calle Bonpland das passende Lokal für das Abendessen aus. Das **Jangada** *(siehe S. 93)* ist nur eines der vielen guten Restaurants in der Umgebung.

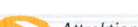 *Attraktionen für Kinder* **siehe S. 60f**

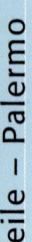

Links **María Cher** Mitte **La Casa de las Botas** Rechts **Félix**

TOP 10 Shopping

1 Gropius
Der schicke, moderne Laden bietet Möbelliebhabern hochwertige restaurierte Stücke zu angemessenen Preisen. Es sind auch Repliken von Eames- und Le-Corbusier-Klassikern erhältlich. 🚫 Karte J2 • Calle Honduras 6027 • 4774-2094

2 Salón Muaré
Die Boutique verleiht tadellos aufbereitete Retro-Mode und einzigartige Accessoires. 🚫 Karte J3 • Calle Uriarte 1345, 1F • 4776-5839

3 La Casa de las Botas
Der Laden verkauft Lederstiefel für alle Reitsportarten. Die Schuhlinie Jodphur ist auch auf Laufstegen zu sehen. 🚫 Karte K2 • Calle Paraguay 5062 • 4776-0762

4 La Pasionaria
Der Laden ist in einem restaurierten Lagerhaus im Westen von Palermo Viejo untergebracht. Er bietet ein vergnügliches Durcheinander an modernistischem Mobiliar und edlen Art-déco-Einrichtungsgegenständen.
🚫 Karte J3 • Calle Godoy Cruz 1541 • 4773-0563

5 María Cher
Das Sortiment an exquisiter Freizeitkleidung aus Baumwolle und schicker Satinmode wechselt ständig. 🚫 Karte K4 • Calle El Salvador 4724 • 4833-4736

6 Sabater Hnos. Fábrica de Jabones
Die Behälter und Regale des netten Ladens bergen Seifen jeder denkbaren Beschaffenheit und Farbe. Die Produkte werden im Haus gefertigt. 🚫 Karte K3 • Calle Gurruchaga 1821 • 4833-3004

7 Capital Diseño y Objetos
Der Laden bietet lederne Tischsets und moderne Stühle. Außerdem sind Möbel für Kinder und Spielzeug erhältlich. 🚫 Karte K4 • Calle Honduras 4958 • 4834-6555

8 Félix
Félix verkauft Herrenmode – Button-Down-Hemden, perfekt geschnittene Jeans und T-Shirts in klaren Farben. Es gibt auch eine Filiale in Recoleta (Libertad 1627). 🚫 Karte K3 • Calle Gurruchaga 1670 • 4832-2994

9 A.Y. Not Dead
Die Clubwear wirkt handgearbeitet. Sie trägt sich deutlich angenehmer als die Mode aus der Galería Bond Street (siehe S. 39). 🚫 Karte L4 • Calle Soler 4193 • 4866-4855

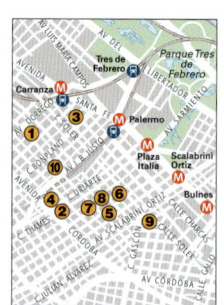

10 Eterna Cadencia
Der Buchladen hat internationales Flair. Er bietet schöne Kunstbände, englische Literatur und ein gemütliches Café im Atrium. 🚫 Karte J3 • Calle Honduras 5582 • 4774-4100

Shopping-Tipps siehe S. 110

Links **República de Acá** Rechts **Pabellón IV**

📷10 Kunst & Kult

Bar El Taller
1 Die legere Kneipe an der Plaza Serrano ist gleichzeitig »Werkstatt« eines Holzarbeiters. In den Räumen werden lustiges, handgearbeitetes Spielzeug sowie Kunstobjekte ausgestellt und verkauft. ✆ *Karte K3 • Calle Serrano 1595 • 4831-5501*

Pabellón IV
2 Das vielseitige Kunstzentrum präsentiert Arbeiten von Industriedesignern und Aktionskunst. Außerdem gibt es eine stimmungsvolle Café-Bar. ✆ *Karte J3 • Calle Uriarte 1332 • 4772-8745*

El Carnal
3 Die Terrasse wird gern vor Clubnächten besucht. Die witzige, etwas schäbige Einrichtung lockt auch zurückhaltende Gäste aus der Reserve. ✆ *Karte J3 • Calle Niceto Vega 5511 • 4772-7582*

Oxiro
4 Die fotografischen Installationen in dem Multimedia-Komplex beweisen künstlerischen Mut. ✆ *Karte J4 • Calle Gurruchaga 1358 • 4771-3568*

Escarlata
5 Die Vernissagen in dem Ausstellungszentrum für Kunst aus der Umgebung haben stets turbulenten und ausgelassenen Charakter. ✆ *Karte J4 • Calle Serrano 1408 • 4833-9373*

República de Acá
6 Das República de Acá ist eine feste Größe im Nachtleben. Karikaturen und Fotos erinnern an die Blütezeit der Komödie in Buenos Aires. ✆ *Karte J4 • Federico Lacrose 601 • 4581-0278*

Arte de Mafia
7 Nach 22 Uhr genießen Gäste die italienische Küche bei live gespielten *canzonette italiane* und *tarantelle*. ✆ *Karte K3 • Calle El Salvador 4975 • 4831-9213*

Brujas
8 Die Pizzakarte konkurriert mit der des FILO *(siehe S. 85)*. Es hängen Werke von einheimischen Künstlern aus. ✆ *Karte K3 • Calle Costa Rica 4827 • 4832-7919*

Spell Café
9 Das geräumige Spell Café beinhaltet drei Etagen mit Pizza- und Pasta- sowie Bierlokalen, eine Kunstgalerie und einen Aufführungsbereich. ✆ *Karte K4 • Calle Malabia 1738 • 4832-3389*

Pampa Picante
10 Das attraktive Pampa Picante gibt Gruppen von zwei bis sechs Personen *Asado*-(Grill)-Unterricht. Fortgeschrittene Teilnehmer genießen anschließend ihre selbst zubereiteten Rindfleischgerichte. ✆ *Karte K4 • Calle Nicaragua 4610 • 4833-7251*

➡ *Weitere Bars & Restaurants in Palermo* **siehe S. 92f**

91

Links **Mundo Bizarro** Rechts **Acabar**

TOP 10 Bars

1 Bar 6
Trotz kühler, minimalistischer Einrichtung ist die Atmosphäre entspannt. Drinks und Snacks werden sorgfältig zubereitet. ⌖ *Karte K4 • Calle Armenia 1676 • 4833-6807*

2 Acabar
Die Bar ist eine der alteinge-sessensten in der Gegend. Der großzügige Ausschank und die üppigen Bargerichte machen sie zum Dauerbrenner. ⌖ *Karte J3 • Calle Hoduras 5733 • 4772-0845*

3 Mundo Bizarro
Kitschige Kunstobjekte zie-ren die Bar südkalifornischen Stils. Die tätowierten Barkeeper mixen Whiskey-Cocktails mit großer Raffinesse. ⌖ *Karte J4 • Calle Serrano 1222 • 4773-1967*

4 Soul Café
In einer der ältesten *resto-bars* von Las Cañitas spielen DJs Motown, Jazz und Hip-Hop. Das Sushi ist empfehlenswert. ⌖ *Karte K1 • Calle Baez 246 • 4778-3115*

5 Green Bamboo
Die Cocktails polynesischer Art, die an einer gold-metal-lisch lackierten Bar gemixt werden, ent-halten frische Säfte, Gewürze und mehr. Es gibt leckere viet-namesische Speisen. ⌖ *Karte J2 • Calle Costa Rica 5802 • 4775-7050*

6 Crónico Bar
Die Front der Bar ist zur Stra-ße hin offen. Die Atmosphäre ist ausgelassen. ⌖ *Karte K3 • Calle Jorge L. Borges 1646 • 4833-0708*

7 Tiempo de Gitanos Bar y Fonda
Für die Dinnershows in der in grellen Farben gestrichenen Fla-menco-Bar mit Restaurant sollte man vorab reservieren. ⌖ *Karte J3 • Calle El Salvador 5575 • 4776-6143*

8 Kim y Novak
Die schummrig beleuchtete Lounge zieht ein gemischtes Publikum an, das in opulenter Re-tro-Einrichtung entspannt. ⌖ *Karte K2 • Calle Güemes 4900 • 4773-7521*

9 Genoma
Viele Bars in Palermo orien-tieren sich an den legeren Loun-ges Hollywoods. Im Genoma zählt nur der Spaß. Man genießt Texmex-Häppchen in Clubsesseln mit Leopardenmuster oder Cock-tails an Tischen im Freien. ⌖ *Karte J2 • Avda. Dorrego 1735*

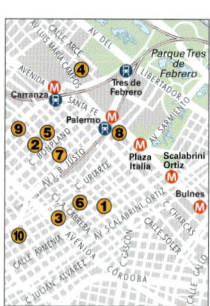

10 878
Niemand kommt zufällig in das 878: Es liegt abseits vom Tru-bel Palermo Viejos im angrenzenden Villa Crespo. An den rusti-kalen Tischen werden ca. 50 Gästen Cock-tails serviert. ⌖ *Karte J4 • Calle Thames 878 • 4773-1098*

Clubs in Buenos Aires **siehe S. 46f**

Dekor in nahöstlichem Stil: Bereber

Preiskategorien

Preis für ein Drei-Gänge-Menü pro Person mit einer halben Flasche Wein, inkl. Steuern und Service.	**$**	unter 40 $
	$$	40 – 60 $
	$$$	60 – 100 $
	$$$$	100 – 140 $
	$$$$$	über 140 $

TOP 10 Restaurants

1 Ølsen
Die leichte skandinavische Kost findet bei den *Porteños* großen Anklang. Die mit *gravlax* belegten Brote sind köstlich. ✆ Karte J3 • Calle Gorriti 5870 • 4776-7677 • $$$

2 La Cabrera
Um im Gastraum des klassischen Eckbistros oder an den Tischen im Freien die exquisiten Fleischgerichte zu genießen, sollte man reservieren oder frühzeitig erscheinen. ✆ Karte J4 • Cabrera 5099 • 4832-5754 • $$$$

3 Casa Cruz
In dem Restaurant genießen prominente Gäste *magret de canard* und exquisite Reserva-Weine. ✆ Karte J3 • Calle Uriarte 1658 • 4833-1112 • $$$$$

4 El Trapiche
In der klassischen *parrilla* mit weiß gedeckten Tischen begleitet Malbec die saftigen Steaks, die zu den besten in Palermo zählen. Die Eiscreme-Desserts reichen für zwei Personen. ✆ Karte K2 • Calle Paraguay 5099 • 4772-7343 • $$

5 El Preferido de Palermo
Der seit 75 Jahren bestehende italienische Lebensmittelladen serviert u. a. *tortilla espanola* mit Krautbeilage. ✆ Karte K3 • Jorge Luis Borges 2108 • 4774-6585 • $$$

6 Kensho
Die vegetarische Küche mit orientalischem Flair sorgt für Abwechslung von den gängigen fleischhaltigen Speisen. ✆ Karte J2 • El Salvador 5783 • 4778-0655 • $$$

7 Jangada
Die Tische auf der malerischen Veranda sind einladend. Gegrillter Flussfisch und einfallsreiche Desserts sorgen für einen unvergesslichen Abend. ✆ Karte J3 • Calle Bonpland 1670 • 4777-4193 • $$$

8 Azema Exotic Bistró
Die vielseitige Speisekarte bietet Lamm-Masala, vietnamesische Nudelgerichte, gebackenen Lachs und Appetithäppchen. ✆ Karte J3 • Calle Angel Carranza 1875 • 4774-4191 • $$$

9 Bereber
Auf marokkanischen Kissen, an Tischen oder auf der Dachterrasse genießt man zart gewürzte, mit Fleisch und Trockenfrüchten zubereitete Tajine. ✆ Karte K3 • Calle Armenia 1880 • 4833-5662 • $$

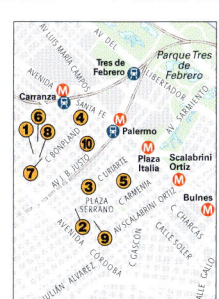

10 Bio
Die einfallsreiche vegetarische Bio-Küche legt den Schwerpunkt auf regionale Zutaten. Die Atmosphäre ist leger. Das Lokal besitzt Holzmöbel und große Fenster. ✆ Karte K2 • Calle Humboldt 2199 • 4774-3880 • $$

➡ *Restaurant-Tipps* **siehe S. 111**

Links **Punta del Este** Rechts **Tigre**

Abstecher

BUENOS AIRES IST DAS ZENTRUM *der Region um den Río de la Plata. Die umliegenden Städte folgen einem eigenen Rhythmus. Sie liegen in dschungelartigen Flussdeltas und in zerklüfteten Bergregionen. Über die verschlungenen Wasserwege von Tigre, der Stadt 25 Kilometer nordwestlich von Buenos Aires, wurden Obst und Holz transportiert. Im südwestlichen Mataderos und dem hübschen historischen Dorf San Antonio de Areco werden die*

Colonia del Sacramento

romantische Atmosphäre der Pampa und das Erbe der Gauchos, die die Wildnis bezwangen, bewahrt. Urugay ist ein beliebtes Ferienziel der Porteños *– von der mit Fähren und Flügen zu erreichenden, gut zu erkundenden Hauptstadt Montevideo über das koloniale Juwel Colonia del Sacramento bis zu dem vornehmen Strandresort Punta del Este. An diesen Zielen ist für Spontanurlauber meist gut gesorgt.*

🔟 Attraktionen

1. Montevideo
2. Colonia del Sacramento
3. Mar del Plata
4. Tandil
5. Tigre
6. San Antonio de Areco
7. Punta del Este
8. Pinamar
9. Mataderos
10. Isla Martín García

➡ *Für Besuche der Städte an Feier- und Feiertagen wird Planung vorab empfohlen.*

Plaza Independencia, Montevideo

Montevideo

Fast die Hälfte der 3,5 Millionen Einwohner Uruguays lebt in der Hauptstadt Montevideo. Die Bewohner sind stolz auf ihre Stadt und für Gastfreundschaft bekannt. An der stets betriebsamen Plaza Independencia *(siehe S. 98)* wird gern die Grillspezialität *chivito*, ein dünnes Steak-Sandwich, genossen. Wie San Telmo in Buenos Aires ist Ciudad Vieja ein neu belebtes Restaurant- und Barviertel. Anders als in Buenos Aires verleihen die Stadtstrände und am Wasser verlaufenden *paseos* Montevideo das Flair einer Küstenstadt. Ⓢ *Karte B4*

Colonia del Sacramento

Colonia del Sacramento ist von Puerto Madero aus mit den Buquebus-Schiffen in 50 Minuten zu erreichen. Die Stadt aus dem 18. Jahrhundert war portugiesischer Außenposten in Uruguay. Besucher können in einer der hübschen *posadas* übernachten, die umliegenden Strände mit Motorrollern erkunden und in Straßencafés die koloniale Atmosphäre genießen *(siehe S. 24f)*.

Mar del Plata

Mar del Plata, eine Art Modell von Buenos Aires im Maßstab 1:20, liegt fünf Stunden von der Hauptstadt entfernt. Die Attraktionen des Seebads mit den bebauten Stränden bieten viel Spaß, aber wenig Entspannung. An dem größten Strand Playa Bristol tummeln sich Familien unter Sonnenschirmen, Popcorn-Verkäufer und mobile Masseure. Von den typischen gelben Schiffen angeliefertes Seafood dominiert die Speisekarten. Ⓢ *Karte B6*

Tandil

Hinter Buenos Aires erstrecken sich Hunderte Kilometer flacher Pampa. Die schroffen Hügel Tandils (500 m) sind deshalb für *Porteños*, denen es an Zeit und Geld für eine Reise nach Patagonien mangelt, ein beliebtes Ausflugsziel. Ein Sessellift führt zum Complejo Cerro El Centinela mit dem sieben Meter hohen Findling hinauf. In der Stadt belohnen Bars an der Plaza und Läden mit örtlichen Delikatessen wie Marmelade, Käse und Wurst zurückkehrende Wanderer. Ⓢ *Karte A5*

Tren de la Costa

Der Zug fährt zwischen Maipú und Delta (Tigre) den Río de la Plata entlang (Hin- und Rückfahrt 32 $). Mit der Mitre-Linie ab Retiro erreicht man den Bahnhof Bartolomé Mitre in 30 Minuten. Ein Fußgängerweg führt zur Estación Maipú. Zwischen Maipú und Tigre liegen San Isidro, eine Parklandschaft am Fluss sowie viele reizende alte Bahnhöfe.

5 Tigre

Das an der Mündung von Luján und Tigre gelegene einstige Agrarzentrum, ein beliebtes Ausflugsziel der *Porteños*, ist Endstation des Tren de la Costa *(siehe S. 60)*, des modernsten Zugs in der Region. Den Paseo Victorica säumen luxuriöse Ruderclubs und Bootshäuser. Er ist Startpunkt für Bootsausflüge entlang der Weiden und Koniferen des Flussdeltas. Der Hafen bietet einen Vergnügungspark, einen Kunsthandwerksmarkt und ein Casino. ✆ *Karte A4*

6 San Antonio de Areco

Die Gaucho-Stadt mit historischem Zentrum liegt 110 Kilometer südwestlich von Buenos Aires. Die Kopfsteinpflasterstraßen um die Plaza Ruíz de Arellano säumen Häuser aus dem 18. und 19. Jahrhundert und schmiedeeiserne Laternen. Außerhalb der Stadt züchten *estancias* in Familienbesitz Rinder und Pferde. Der Día de la Tradición im November lockt viele Besucher an. ✆ *Karte A4*
• www.sanantoniodeareco.com

7 Punta del Este

Jeden Sommer überschlagen sich Buenos Aires' Medien in der Berichterstattung über Punta del Este. Dann ist Uruguays Pendant zu Miami Beach voller sonnenbadender, glücksspielender, feiernder Prominenter. Beeindruckender ist aber die Naturschönheit der weißen Sanddünen und steilen Klippen. In der Hauptsaison fliegt der Billiganbieter Sol mehrmals täglich von Buenos Aires' Aeroparque Jorge Newbery die Stadt an (Dauer 1 Std.). Es gibt Hotels in jeder Preisklasse. ✆ *Karte C4*

8 Pinamar

Der auf einem bewaldeten Hügel gelegene Ort ist nach dem weitläufigen, schattigen Pinienhain benannt, den die Gründer anlegten. Die auch bei *Porteños* beliebten Golfplätze locken viele Besucher in das einst elegante Strandresort. Nördlich und süd-

Bootsausflug auf dem malerischen Fluss bei Tigre

 Alle Preise in diesem Buch werden in Argentinischen Pesos (Abkürzung: $) angegeben.

Ein Gaucho auf seinem Pferd

lich von Pinamar liegen Kiessträn-
de. Die Stadt selbst besitzt schöne Sandtrände. ✎ *Karte B5*

Mataderos

Für Besucher, die keine Zeit
haben, eine *estancia* oder San
Antonio de Areco zu besuchen,
ist der an Wochenenden stattfindende Gaucho-Markt in Mataderos eine gute Alternative. Das
Viertel im Südwesten von Buenos Aires war einst Zentrum der
Fleischindustrie. Wenige Fabriken
sind verblieben. Stattdessen bietet der Markt Live-Folkloremusik
und Tanz, Gaucho-Reitervorfüh-
rungen und Kunsthandwerk.
✎ *Karte A4 • Avda. Lisandro de la Torre
& Avda. de Los Corrales • März–Dez: So
11–20 Uhr, Jan & Feb: Sa abends • www.
feriademataderos.com.ar*

Isla Martín García

Die dichte Vegetation verleiht
der kleinen Insel die Anmutung
einer uneinnehmbaren Festung.
Bis in die 1960er Jahre saßen auf
der Isla Martín García politische
Häftlinge ein. Heute verlocken
das verlassene Gefängnis und
die bezaubernde Landschaft *Porteños* und Urlauber zu Tagesaus-
flügen. Um Weihnachten pro-
duziert die einzige Bäckerei auf
Hochtouren Kuchen in Art von
Panettone. ✎ *Karte A4*

Ein Tag in Montevideo

Vormittag

Wenn Sie Ihre Strandta-
sche gepackt haben, genießen Sie ein typisches Frühstück mit *tostadas* und
Kaffee in einem der exzellenten Cafés am Ort. Bus-
se fahren von der Haupt-
straße an der Plaza zur
Playa Ramírez zwei Kilo-
meter östlich. Der direkt
an Montevideos grünem,
landschaftlich gestalteten
Parque Rodo gelegene
Strand ist gepflegt, zur
Ciudad Vieja ist es nicht
weit. Die Playa Ramírez
bietet eine nette Mischung
aus Grandeur (der klassi-
zistische Mercosur-Firmen-
sitz steht im Hintergrund)
und Bars. Fahrten im Ver-
gnügungspark und die
Chivito-Stände in der Nähe
erfreuen Kinder. Wer Ab-
wechslung sucht, kann
Fahrräder oder Ruderboote
bei den vielen Verleihern
im Parque Rodo jenseits
der Rambla mieten.

Abend

In den Straßen der Ciudad
Vieja, vor allem in der Calle
Sarandí, gibt es viele Res-
taurants und Bars. Trinken
Sie ein günstiges ortstypi-
sches *tannat* in der **Baar
Fun Fun** *(siehe S. 99)*.
Fragen Sie den Barkeeper
nach seinem Lieblingslokal
in der Umgebung. El Cal-
lejón ist eine gute Wahl.
Die kleine Restaurant-
Kneipe bietet vorzügliche
Antipasti, Fisch und Live-
Gitarrenmusik (Calle Bar-
tolomé Mitre 1386, $$).
Clubs erwachen ab Mitter-
nacht zum Leben. KEY
(Calle 25 de Mayo 745) in
einem neugotischen Ge-
bäude aus dem 19. Jahr-
hundert ist sehr beliebt.
Der Club verfügt über eine
elegante Lounge, eine Bar
sowie Tanzflächen auf drei
Ebenen.

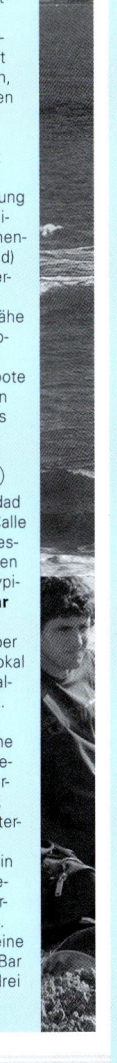

Links **La Barra, Punta del Este, Uruguay** Rechts **Plaza Independencia, Montevideo**

TOP 10 Dies & Das

1 Barrio Histórico, Colonia
Den historischen Kern kann man an einem Nachmittag erkunden. Die meisten Besucher bleiben gern länger in den sieben Museen, an der blühenden Plaza Mayor *(siehe S. 24)* und in den netten Straßencafés. ◎ *Karte B4*

2 Plaza Independencia, Montevideo
Der Palacio Salvo, ein Abbild des Palacio Barolo *(siehe S. 14),* überragt die Plaza Independencia – Sinnbild für die lange Geschichte Montevideos. ◎ *Karte B4*

3 The Tigre Club, Tigre
Das ehemalige Casino in dem vielleicht schönsten Beaux-Arts-Gebäude des Landes beherbergt heute eine hervorragende Sammlung argentinischer Kunst.
◎ *Karte A4 • Paseo Victorica 972, Tigre • 4512-4528 • Mi–Fr 9–19 Uhr, Sa & So 12–19 Uhr*

4 Casino Central, Mar del Plata
Auch wenn das Casino Central aus den 1930er Jahren nicht mehr das Flair des »Monaco der Pampa« besitzt, ist es reizvoller als andere Casinos in Strandresorts. ◎ *Karte B6 • Bulevar Maritimo Peralta 2148 • 0223-495-7011*

5 La Feria Mataderos
Auf dem Fest der Pampa-Kultur tanzt Alt und Jung an den Wochenenden *folclórica.* Zuschauer laben sich an *Chorizo*-Sandwiches *(siehe S. 97).*

6 Centro Histórico, San Antonio de Areco
Wunderbar erhaltene italienisierte Gebäude aus dem 19. Jahrhundert, Silberschmiede und *pulperías* erinnern an die vergangene Blüte des einst bedeutenden Agrarzentrums. ◎ *Karte A4*

7 La Barra, Punta del Este
In der Gegend erwarten Besucher ruhige Unterkünfte genauso wie ein pulsierendes Nachtleben. ◎ *Karte C4*

8 Avenida Bunge & Avenida del Mar, Pinamar
Die dreispurige Hauptstraße von Pinamar säumen Läden mit einheimischen Marken, Golfausstatter und Straßenrestaurants. Sie endet an der malerischen Küstenstraße Avenida del Mar. ◎ *Karte B5*

9 Präsidentengefängnis, Isla Martín García
In dem Gefängnis wurden ehemalige Präsidenten, die sich mit der argentinischen Regierung überworfen hatten, inhaftiert. Gedenkplaketten erinnern an die prominenten Insassen. ◎ *Karte A4*

10 Complejo Cerro El Centinela, Tandíl
Das mesozoische Wahrzeichen der Stadt Tandíl ist am besten von der benachbarten Hügelspitze aus zu bewundern, auf die ein Sessellift hinaufführt. Die Aussicht kann man bei Kaffee und *alfajores* genießen *(siehe S. 95).*
◎ *Karte A5*

Die Isla Martín García liegt in den Hoheitsgewässern Uruguays, gehört aber administrativ zur Provinz Buenos Aires.

El Drugstore, Colonia

⌂10 Bars & Restaurants

El Drugstore, Colonia

Das legere Lokal besitzt eine offene Küche und Pop-Art à la Warhol. Es gibt Cocktails, Tapas und *mate*. ◈ *Karte B4 • Calle Vasconcellos 179 • 598-52-25241 • $$*

El Mesón de la Plaza, Colonia

Das renommierteste Restaurant im Barrio Histórico von Colonia del Sacramento bietet Tische im Freien. Zu gegrilltem Rind und Lamm werden überwiegend Weine aus Uruguay angeboten. ◈ *Karte B4 • Calle Vasconcellos 153 • 598-52-24807 • $$$*

Baar Fun Fun, Montevideo

Das historische Tango-Lokal ist mit Bildern berühmter Musiker geschmückt. Zu Pizza lässt sich gutes Bier genießen. ◈ *Karte Q5 • Calle Ciudadela 1229 • 598-291-58005 • $$*

La Terraza, Tigre

Sandwiches und *parrillas* laden zu einem Imbiss ein. ◈ *Karte B4 • Paseo Victorica 131 • 4731-2916 • $*

La Cuadrada, Mar del Plata

Das reizende Lokal bietet exzellenten Tee, Kuchen und hausgemachte Pasta. ◈ *Karte B6 • Avda. 9 de Julio 2737 • 0223-494-2288 • $*

Vicente, Mataderos

Das freundliche Restaurant serviert reichhaltige *Porteño*-Gerichte wie Brathähnchen in Spinat-Rahmsauce und Risotto mit Langusten. Die *parrilla*-typischen Speisen sind exzellent. ◈ *Karte A4 • Avda. Escalada 2100 • 4635-4657 • $$$*

Mi Vaca y Yo, Mataderos

Das Restaurant bietet das beste *parrilla libre* der Stadt. Die Kellner bringen das ausgewählte Fleisch auf kleinen Tellern nach und nach an den Tisch. Die Atmosphäre ist zuweilen sehr umtriebig. ◈ *Karte A4 • Calle Juan Felipe Aranguren 4201 • 4674-4878 • $*

Lo de Charlie, Punta del Este

Das kleine, in Pastellfarben gehaltene Restaurant ist gemütlich und elegant. In der offenen Küche wird hervorragendes Seafood zubereitet. Das Käse-Eis ist legendär. ◈ *Karte C4 • Calle 12 • 598-424-44183 • $$$$*

Tante, Pinamar

In dem schicken, lebhaften Lokal kehren Gäste gern in Gruppen ein. Spätabends sind Cocktails und Fondue beliebt. Neben argentinischer Küche mit Steaks und Antipasti gibt es deutsche Spezialitäten. ◈ *Karte B5 • Calle de las Artes 35 • 0225-448-2735 • $$$*

El Club, Tandil

Ölgemälde und dunkles Holz erinnern an ein Zigarrenzimmer, das Schachbrettmuster des Bodens und die kleinen Tische an ein Pariser Bistro. Die Speisekarte ist international. ◈ *Karte A5 • Calle Pinto 636 • 0229-343-5878 • $$$*

Restaurant-Tipps **siehe S. 111**

REISE-INFOS

TOP 10 BUENOS AIRES

Links **Besucherinformation** Mitte **Behindertengerechtes WC** Rechts **Zeitungen**

TOP 10 Information

1 Fremdenverkehrsbüros

Informationsstellen befinden sich an den internationalen und Inlandsflughäfen der Stadt *(siehe S. 104)* sowie an verschiedenen anderen Orten in Buenos Aires. Sie bieten Stadtpläne, allgemeine Informationen und Hilfestellung bei der Suche nach Unterkünften. Die offizielle Website des Fremdenverkehrsamts enthält eine Liste aller Informationsstellen (www.bue.gov.ar).

2 Internationale Zeitungen & Zeitschriften

Einige deutschsprachige Zeitungen wie *Frankfurter Allgemeine Zeitung* sowie die Zeitschriften *Spiegel* und *Stern* sind in Microcentro erhältlich.

3 Argentinische Zeitungen & Zeitschriften

Die einzige deutschsprachige Zeitung Argentiniens, das *Argentinische Tagesblatt*, wird seit 1874 publiziert. Sie erscheint jeden Samstag. Die beiden großen spanischsprachigen Zeitungen *Clarín* und *La Nación* bieten freitags einen Veranstaltungsüberblick. *Wicked!?* ist ein zweisprachiges Kultur- und Event-Magazin.

4 Kostenlose Magazine

Das englischsprachige Magazin *The Argentimes* erscheint 14-täglich. Es liegt in Bars, Gasthäusern und Hotels aus. *Wipe* ist in der ganzen Stadt zu finden. Es bietet einen umfassenden Überblick über Musikveranstaltungen, Clubs, Bars und Restaurants. *La Guía Divina* wird in San Telmo verteilt.

5 Internet

Einen guten Überblick bieten www.bue.gov.ar und www.whatsupbuenosaires.com. Informationen zu Aktivitäten, Jobs und Unterkünften sind unter www.yesba.org zu finden.

6 Studenten

Die Reiseberatung ASATEJ hilft bei Flugbuchungen und der Suche nach Austauschprogrammen und Unterkünften. *ASATEJ • Karte Q5 • Florida 835, 3. Stock, Büro 320 • 4114-7600 • Mo – Fr 10 – 9 Uhr • www.asatej.com*

7 Behinderte Reisende

Nur die U-Bahn-Linie D *(Línea D)* bietet teilweise rollstuhlgerechten Zugang. Straßenrampen sind in schlechtem Zustand. Gute Hotels sind auf behinderte Reisende eingestellt. Es werden Stadtführungen für Menschen mit Behinderungen angeboten *(siehe S. 105)*.

8 Schwul-lesbische Reisende

Buenos Aires ist neben Rio de Janeiro bei schwullesbischen Reisenden das beliebteste Urlaubsziel in Südamerika. Im November wird die schwul-lesbische Parade Marcha del Orgullo Gay *(siehe S. 43)* veranstaltet. Die zahlreichen homosexuellen Clubs und Lokale der Stadt füllen sich spätnachts *(siehe S. 48f)*. Die Website www.thegayguide.com.ar bietet Informationen für schwullesbische Reisende.

9 Feiertage

In Buenos Aires werden folgende Feiertage begangen: Neujahr (1. Januar), Nationaler Tag der Erinnerung an Recht und Gerechtigkeit (24. März), Gründonnerstag, Karfreitag (März/April), Falkland-/Malwinen-Tag (2. April), Tag der Arbeit (1. Mai), Jahrestag der Revolution (25. Mai), Nationaler Tag der Flagge (20. Juni), Unabhängigkeitstag (9. Juli), Todestag von General San Martín (17. August), Kolumbus-Tag (12. Oktober), Mariä Empfängnis (8. Dezember), Weihnachten (24. und 25. Dezember).

10 Lektüre

The Argentina Reader von Nouzeilles und Montaldo beschreibt Argentiniens Geschichte. Ortiz' *Evita Perón* und Goñis *Odessa: Die wahre Geschichte* widmen sich der Ära Perón. *Tango. Mehr als nur ein Tanz* von Collier und anderen bietet mit schönen Fotos leichte Lektüre. María Cecilia Barbettas Roman *Änderungsschneiderei Los Milagros* liefert ein sehr genaues Porträt der Stadt.

Vorhergehende Doppelseite **Gäste im Café Tortoni**

Links **Urlauber in der Reserva Ecológica Costanera Sur** Rechts **Wechselstube**

Reisevorbereitung

1 Beste Reisezeit
Die beste Zeit für eine Reise nach Buenos Aires ist während des Frühjahrs oder Herbstes auf der südlichen Hemisphäre. Die Temperaturen sind dann mit 18 bis 23 °C angenehm. Die Sommer können sehr schwül sein. Wenn in Januar und Februar das Thermometer auf 35 °C steigt, verlassen die meisten *Porteños* die Stadt in Richtung der Urlaubsorte am Atlantik.

2 Reisegepäck
Für den heißen Sommer empfiehlt sich leichte Kleidung aus Baumwolle oder Leinen. Auch Sonnenbrille, Sonnencreme mit hohem Lichtschutzfaktor und eine leichte Regenjacke gehören ins Gepäck. In Januar und Februar regnet es oft stark. Im Frühjahr und im Herbst benötigt man Pullover und Jacke, im Winter einen warmen Mantel. Auch elegante Kleidung ist hilfreich – *Porteños* gehen gern schick aus.

3 Dauer des Aufenthalts
Eine Woche Aufenthalt erlaubt die Besichtigung der interessantesten Viertel und Sehenswürdigkeiten, den Besuch einer Tango-Show und einen Tagesausflug nach Colonia del Sacramento in Uruguay. In zehn bis 14 Tagen lässt sich die Faszination von Buenos Aires besser erleben: inklusive der Läden, Restaurants, Parks und weiterer Attraktionen außerhalb der Stadt wie Tigre und San Antonio de Areco.

4 Einreise
Besucher aus der EU benötigen für die Einreise einen noch mindestens drei Monate gültigen Reisepass. Für einen Aufenthalt von bis zu 90 Tagen ist kein Visum erforderlich. Eine Verlängerung um weitere 90 Tage ist möglich, indem man z. B. für einen Tagesausflug nach Uruguay aus- und einreist oder an die Dirección Nacional de Migraciones eine Gebühr von 300 $ zahlt.
- Avda. Antártida Argentina 1355 Retiro • 4317-0234
- Mo – Fr 8.30 – 13.30 Uhr
- www.migraciones.gov.ar

5 Währung
Der Argentinische Peso (AR$ bzw. $) ist in 100 Centavos unterteilt. Banknoten gibt es in den Werten 2, 5, 10, 20, 50 und 100 Pesos. Münzen haben die Werte 1 Peso sowie 1, 5, 10, 25 und 50 Centavos.

6 Gesundheit
Es empfiehlt sich, eine private Reiseversicherung abzuschließen, die den Krankentransport in das Heimatland beinhaltet. Bei Notfallbehandlungen können hohe Kosten entstehen. Argentinien hat mit keinem anderen Land ein Krankenversicherungsabkommen. Für die Einreise nach Argentinien sind keine Impfungen vorgeschrieben. Das Leitungswasser ist trinkbar, viele Besucher ziehen jedoch in Flaschen abgefülltes Wasser vor.

7 Zoll
Besucher dürfen bis zu fünf Kilogramm Nahrungsmittel, zwei Liter Alkohol, 400 Zigaretten und 50 Zigarren zollfrei einführen. Die Mitnahme von fotografischer Ausrüstung und Laptops ist gestattet.

8 Führerschein
Wer in Argentinien Auto fahren möchte, benötigt einen Internationalen Führerschein. Zusätzlich zum Führerschein sollten Autofahrer stets den Reisepass mitführen.

9 Zeit
Die mitteleuropäische Zeit (MEZ) ist der argentinischen Zeit um vier Stunden voraus. Während der europäischen Sommerzeit liegen fünf Stunden zwischen den beiden Zeitzonen. Während des Sommers in der südlichen Hemisphäre werden in Argentinien mitunter die Uhren kurzfristig um eine Stunde vorgestellt.

10 Strom
Die Netzspannung in Argentinien beträgt 220 Volt/50 Hertz. In Steckdosen passen sowohl zwei- als auch dreipolige Stecker mit flachen Kontaktstiften. Adapter für ausländische Stecker erhält man in *ferreterías* (Eisenwarenhandlungen) sowie in großen Supermärkten.

Die Jahreszeiten in Argentinien: Frühjahr = Aug – Okt, Sommer = Nov – Jan, Herbst = Feb & März, Winter = Mai – Juli.

Links **Schild einer Autovermietung** Rechts **Flugzeuge im Flughafen**

TOP 10 Anreise

1 Mit dem Flugzeug
Aerolíneas Argentinas fliegt in Europa nur Barcelona, Madrid, Rom und Zürich an. Mehrere europäische Gesellschaften bieten im deutschsprachigen Raum Flüge nach Buenos Aires an, darunter Lufthansa (direkt von Frankfurt), Air France, Alitalia, Iberia, KLM und Swiss. In der Regel muss man bei allen Flügen der genannten Anbieter nach bzw. von Buenos Aires mit wenigstens einem Zwischenstopp rechnen.

2 Aeropuerto Ministro Pistarini
Der internationale Flughafen von Buenos Aires, der Aeropuerto Ministro Pistarini, wird nach dem Viertel, in dem er sich befindet, auch Ezeiza genannt. Nahezu alle internationalen Flüge kommen in den Terminals A oder B an. Ezeiza ist eine Stunde vom Stadtzentrum entfernt. ✆ *Information: 5480-2500; www. aa2000.com.ar*

3 Flughafentransfer
Der Shuttle-Service Manuel Tienda León betreibt Ticketschalter in den Terminals A und B des Aeropuerto Ministro Pistarini. Er bietet rund um die Uhr Verbindungen zwischen Ezeiza und dem Stadtzentrum. Die modernen Minibusse sind mit Klimaanlage ausgestattet. Sie fahren jede halbe Stunde vom Flughafen zu der Firmenzentrale im Stadtzentrum. Von dort bringt ein An-

schlussservice Besucher zum jeweiligen Hotel. Auch die städtische Buslinie 86 verbindet den Flughafen mit dem Stadtzentrum. ✆ *Manuel Tienda León • Avda. E. Madero 1299 • 0810 888-5366 • www.tiendaleon.com.ar*

4 Taxis & Remises
Die Angebote der Fahrer von nicht lizenzierten Taxis und Remises (Funktaxis), die an den Flughafenausgängen ihre Dienste anbieten, schlägt man besser aus. Es empfiehlt sich, an den Schaltern der zugelassenen Taxiunternehmen im Flughafen einen Wagen zu bestellen.

5 Aeroparque Jorge Newbery
Der in Palermo gelegene Aeroparque Jorge Newbery ist 10 Minuten vom Stadtzentrum entfernt. Auf dem Flughafen werden fast alle argentinischen Inlandsflüge sowie Flüge von und nach Uruguay abgefertigt. ✆ *Information: 5480-3000; www.aa2000. com.ar*

6 Flughafentransfer
Manuel Tienda León bietet einen Shuttle-Dienst vom Aeroparque Jorge Newbery in das Stadtzentrum. Abfahrt ist halbstündlich. Zudem fahren mehrere städtische Buslinien vom Flughafen in die Stadtmitte.

7 Taxis & Remises
Taxis stehen am Ausgang des Ankunftsberei-

ches bereit. Man kann auch im Flughafen bei den zugelassenen Firmen oder telefonisch einen Wagen bestellen. ✆ *Remises: Amistax: 4582-7774; Radio Taxi Premium: 5238-0000*

8 Mit dem Bus
Busse aus den Regionen Argentiniens und aus den Nachbarländern kommen an Buenos Aires' zentralem Busbahnhof Estación Terminal de Omnibus, auch Retiro genannt, an. Der Busbahnhof bietet Anschluss an städtische Buslinien. ✆ *Avda. Antártida Argentina y Calle 10 • 4310-0700*

9 Mit dem Schiff
Fähren von Montevideo, Colonia del Sacramento und Punta del Este in Uruguay laufen mehrmals täglich im nördlichen Dock Darsena Norte das Hafens in Puerto Madero ein. ✆ *Avda. Antártida Argentina 821 • Tickets: 4316-6400*

10 Mietwagen
Die Mietwagenfirmen Avis und Hertz betreiben Niederlassungen in den Flughäfen. Die Preise variieren – für einen mittelgroßen Wagen ist mit etwa 600 Pesos pro Tag zu rechnen. Fahrer eines Mietwagens müssen mindestens 21 Jahre alt sein und Führerschein, Kreditkarte und Reisepass vorlegen. ✆ *Avis: 4378-9640; www.avis.com.ar*
✆ *Hertz: 4816-8001; www. milletrentacar.com.ar*

➔ *Die U-Bahnen in Buenos Aires fahren Mo–Sa 5–23 Uhr, So 8–22 Uhr.*

Links **Bus in Buenos Aires** Mitte **Fahrradfahrer im Parque Tres de Febrero** Rechts **U-Bahn-Schild**

TOP 10 In Buenos Aires unterwegs

1 Busse
Buenos Aires verfügt über ein außerordentlich dichtes Netz von Buslinien. In dem an Kiosken erhältlichen *Guía T* sind Linien und Haltestellen der Busse (spanisch *colectivos*) verzeichnet. Einheimische helfen gern bei der Wahl der richtigen Linie. Fahrten innerhalb des Zentrums kosten maximal 1,25 Pesos, Fahrten innerhalb des Großraums maximal 2 Pesos. Die Fahrkartenautomaten akzeptieren ausschließlich Münzen.

2 U-Bahn (Subte)
Buenos Aires' U-Bahn ist ein sicheres, zuverlässiges und praktisches Verkehrsmittel innerhalb der zentralen Stadtviertel. Es gibt sechs Linien: A, B, C, D, E und H. Auf der ältesten Linie A fahren noch hölzerne Züge, Linie D, die Microcentro mit Palermo verbindet, ist am meisten frequentiert. Der Standardpreis pro Fahrt ist 1,10 Pesos. Tickets für bis zu zehn Fahrten (11 $) sind in den Stationen erhältlich.

3 Tram
Seit 2007 bedient die Tranvía del Este Puerto Madero. Sie verläuft zwischen den Avenidas Córdoba und Independencia parallel zur Avenida Alicia Moreau de Justo.

4 Züge
Züge Richtung Norden, inklusive der Verbindungen mit Halt in Tigre, fahren von dem Bahnhof Retiro neben dem dortigen Busbahnhof ab. Züge zu Zielen südlich von Buenos Aires wie Tandil, Pinamar und Mar del Plata starten am Bahnhof Constitución. Die Züge der nördlichen Linie sind moderner.

5 Taxis & Remises
Taxis sind in Buenos Aires allgegenwärtig. Es gibt Standardtaxis und Funktaxis, beide mit schwarz-gelben Wagen. Die mit der Aufschrift »Radio Taxi« an den Türen gekennzeichneten Taxis sind sicherer. Man kann sie an der Straße anhalten oder telefonisch anfordern. *Remises* (lizenzierte Funktaxis) operieren nur mit telefonischer Bestellung. Die Wagen stehen zehn bis 15 Minuten nach dem Anruf bereit.

6 Autos
Autofahren in Buenos Aires ist kein Vergnügen: Der Verkehr ist dicht, die Fahrweise der Einheimischen riskant, Parkplätze sind rar, das System aus Einbahnstraßen ist höchst kompliziert. Wer dennoch fährt, sollte beachten, dass Gurtpflicht und die Vorfahrtsregel rechts vor links gelten. Die Geschwindigkeitsbegrenzung innerhalb der Stadt liegt bei 40 km/h bzw. 60 km/h auf großen Hauptstraßen.

7 Radfahren
Schlaglöcher, fehlende Fahrradwege und mangelnde Rücksicht der Autofahrer machen das Radfahren auf den Straßen der Stadt riskant. Schöne Radtouren kann man im Parque Tres de Febrero *(siehe S. 61)* und in Puerto Madero und Recoleta unternehmen. An den Parkeingängen kann man Fahrräder ausleihen.

8 Zu Fuß
Am besten erkundet man Buenos Aires zu Fuß. Die einzelnen Viertel liegen nah beieinander, die Orientierung ist leicht. In Palermo, San Telmo und Recoleta kann man wunderbar spazieren gehen. Microcentro sollte man unter der Woche meiden.

9 Behinderte Reisende
QRV – Transportes Especiales bietet Stadtführungen in für Rollstühle geeigneten Fahrzeugen.
◈ *QRV – Transportes Especiales: 4306-6635; www.qrvtransportes.com.ar*

10 Führungen
Opción Sur veranstaltet audiovisuelle Führungen. Tangol bietet Besuche von Fußballspielen und Helikopterflüge, Bike Tours Fahrradausflüge an. City Tours in Buenos Aires hat Führungen in deutscher Sprache im Programm.
◈ *Opción Sur: 4777-9029; www.opcionsur.com.ar*
◈ *Tangol: 4312-7276; www.tangol.com*
◈ *Bike Tours: 4311-5199; www.biketours.com.ar*
◈ *City Tours in Buenos Aires: 4799-6168; www.citytoursinbuenosaires.com*

Die Buslinien in Buenos Aires verkehren täglich rund um die Uhr.

Links **Dichter Verkehr auf der Avenida Corrientes** Rechts **Menschenmenge in San Telmo**

TOP10 Vorsicht!

1 Touristenfallen

Die teuren Lederwarengeschäfte an der Calle Florida sollte man ebenso meiden wie die für Urlauber gestalteten »Tango-for Export«-Shows, bei denen Besuchermassen durchgeschleust werden. Die überteuerten »Irish Pubs« in Microcentro sind weder authentisch irisch noch argentinisch. Einige der teuren Steakrestaurants in Puerto Madero sind wenig stimmungsvoll und bieten mindere Qualität.

2 Kriminalität

Buenos Aires ist generell eine sehr sichere Stadt. In manchen Gegenden ist dennoch Vorsicht geboten, v. a. in den südlichen Vierteln La Boca und Constitución. In San Telmo sind Taschendiebe und Trickbetrüger unterwegs. Verbreitet ist der »Senf-Trick«: Dem Opfer wird in einer belebten Straße Senf auf das Hemd gespritzt. Ein »Passant« macht darauf aufmerksam und »hilft« bei der Beseitigung. Ein dritter Betrüger nutzt die Ablenkung, um die Brieftasche zu entwenden.

3 Rushhour

Das Verkehrsaufkommen in Buenos Aires ist so hoch, dass sich die Rushhour beinahe über den ganzen Tag erstreckt. Besonders viel Verkehr herrscht an Wochentagen vor 10 Uhr sowie zwischen 17 Uhr und 20 Uhr. Vor allem freitagabends sind die Straßen überfüllt, wenn viele *porteños* aus der Stadt in ihre Landhäuser fahren.

4 Taxigeld

In Buenos Aires ist Kleingeld Mangelware. Bietet man einem Taxifahrer große Geldscheine, wird er 15 Minuten auf der Suche nach Wechselgeld weiterfahren und so den Fahrpreis erhöhen. Erkundigen Sie sich vorab bei dem Fahrer, ob er herausgeben kann, oder machen Sie die Zentrale darauf aufmerksam, wenn Sie ein Funktaxi bestellen.

5 Skrupellose Taxifahrer

Taxis, die auf der Rückseite des Fahrer- oder Beifahrersitzes keinen Registrierungsnachweis aushängen haben, sind unbedingt zu meiden. In Puerto Madero ist es nicht ratsam, ein Taxi an der Straße heranzuwinken, da die Fahrer dort sehr unzuverlässig sind.

6 Hundekot

Neben Arbeitslosigkeit und Kriminalität ist Hundekot eines der Hauptthemen bei den Bürgermeisterwahlen. Vor allem in Wohngebieten wie San Telmo und Palermo Viejo empfiehlt sich beim Gehen der Blick nach unten.

7 Parque Tres de Febrero bei Nacht

Der Parque Tres de Febrero ist bei Tag wunderschön. Nachts jedoch übernehmen Transvestiten und Zuhälter das Regiment. Während einige Urlauber diese Szenerie gern beobachten, meiden andere den Park bei Nacht.

8 Nicht autorisierter Geldwechsel

Arbolitos (»kleine Bäume«) genannte, nicht zugelassene Geldwechselstellen säumen seit der Wirtschaftskrise in Argentinien 2001 die Calle Florida. Bei diesen Anbietern läuft man Gefahr, bezüglich des Wechselkurses betrogen zu werden oder gefälschte Peso-Scheine ausgehändigt zu bekommen.

9 Indignation

Porteños legen wenig Wert auf Political Correctness. Junge und alte Menschen fluchen gern. Das öffentliche Rauchverbot wird allerorten missachtet. Frauen sehen sich ständig Zurufen von Männern ausgesetzt. All dies ist jedoch harmlos und am besten mit einer Portion Humor zu nehmen.

10 Januar

Der Januar ist nicht die beste Zeit für einen Aufenthalt in Buenos Aires: Die Luftfeuchtigkeit ist sehr hoch, die Temperaturen steigen auf bis zu 40 °C. Da die meisten *Porteños* zu dieser Zeit in den Ferienorten an der argentinischen Atlantikküste Urlaub machen, bietet die Stadt wenig Kulturveranstaltungen, das Nachtleben ist reduziert. Andererseits sind die Hotelpreise niedrig.

Links **Teatro San Martín** Mitte **Antigua Tasca de Cuchilleros** Rechts **Centro Cultural Recoleta**

TOP 10 Buenos Aires für wenig Geld

1 Preiswert essen
Die All-you-can-eat-Angebote *tenedor libres* sind gut und günstig. Die Büfettkosten belaufen sich pro Person auf ca. 20 Pesos. Die meisten Angebote findet man in Microcentro, entsprechende Lokale haben ein Schild *tenedor libre* im Fenster hängen. Die charakteristischen, auf Familien ausgerichteten Steakhäuser (*bodegón*), die man in jedem Viertel findet, servieren große, preiswerte Portionen.

2 Preiswerte Drinks
Die meisten Bars haben zwischen 18 Uhr und 22 Uhr Happy Hour. Gehen Sie anschließend zu günstigem einheimischen Bier über, das beliebteste ist Quilmes. Fernet, der gern mit Cola gemischt wird, ist ebenfalls preiswert.

3 Parks & Gärten
In einigen Parks und Gärten in Buenos Aires ist der Eintritt frei. Die Areale bieten wunderbare Möglichkeiten, spazieren zu gehen, sonnenzubaden oder Sport zu treiben. Zu den beliebtesten gehören das Naturreservat Reserva Ecológica Costanera Sur östlich von Puerto Madero, der Jardín Botánico Carlos Thays (Botanischer Garten) in Palermo und der Parque Tres de Febrero.

4 Museen & Sammlungen
Viele Museen und Sammlungen bieten an Werkta-gen freien Eintritt. Dazu zählen das Museo Nacional de Bellas Artes *(siehe S. 16f)* und das Museo de la Casa Rosada *(siehe S. 8)*. Bei einigen Museen ist der Eintritt einmal pro Woche frei. Für Studenten mit gültigem Ausweis und Personen über 65 Jahre gibt es Ermäßigungen.

5 Kostenlose Veranstaltungen
Während der »Gallery Nights«, die von März bis November jeden letzten Freitag des Monats stattfinden, sind von 19 Uhr bis 23 Uhr über 60 Ausstellungen kostenlos zu besichtigen. Bei der jährlichen Noche de los Museos im Oktober bieten mehr als 100 Museen freien Eintritt. Im Sommer sind die klassischen Konzerte an den Wochenenden im Parque Rosedal in Palermo kostenlos, im Februar die Karnevalsveranstaltungen. ✆ *Gallery Nights: www.artealdia.com* ✆ *Noche de los Museos: www.lanoche delosmuseos.com.ar*

6 Kostenlose Führungen
Die Stadt Buenos Aires organisiert kostenlose Führungen durch historisch interessante Viertel sowie thematische Touren rund um bedeutende Einwohner wie Evita und Borges. Informationen bietet die Website des Fremdenverkehrsamts *(siehe S. 102)*. Die Seite enthält auch Audioführungen in Englisch und Spanisch zum Download. Der private Anbieter Cicerones beschäftigt über 70 mehrsprachige Führer. Die Anmeldung erfolgt über ein Formular auf der Website. ✆ *www.cicerones.org.ar*

7 Preiswert übernachten
Hostels sind die günstigste Übernachtungsmöglichkeit. Viele bieten preiswerte Doppelzimmer. Zudem kann man Küche, Kühlschrank, Wäscherei und Lounge-Bereich nutzen *(siehe S. 117)*.

8 Waschsalons
Günstige Waschsalons findet man überall in den Straßen abseits der großen Boulevards. Ein Wasch- und Trockengang kostet üblicherweise etwa 15 Pesos. Fragen Sie an der Hotelrezeption nach dem nächstgelegenen Waschsalon.

9 Kino & Theater
Kinokarten kosten von Montag bis Mittwoch sowie für Mittags- und Nachmittagsvorstellungen an Werktagen die Hälfte. Staatlich geführte Theater bieten einmal pro Woche reduzierte Eintrittspreise.

10 Picknick
Jeden Mittag essen zu gehen, kann teuer werden. Lagern Sie Brot, Käse und Wurstaufschnitt im Kühlschrank Ihrer Unterkunft und packen Sie Ihr eigenes Lunchpaket. Das Leitungswasser in Buenos Aires ist trinkbar.

Die meisten Parks in Buenos Aires sind im Sommer von 8 bis 19 Uhr geöffnet. Im Winter schließen sie eine Stunde früher.

Links **Banco Francés** Mitte **Geldautomat** Rechts **Locutorio und Internet-Café**

TOP 10 Geld & Kommunikation

1 Banken

Banken haben meist montags bis freitags von 10 Uhr bis 15 Uhr geöffnet. Sie bieten in der Regel günstigere Wechselkurse und Gebühren als Wechselstuben, allerdings variieren die Kurse je nach Institut. Geldautomaten findet man in jeder Bank. Ein »Link«-Zeichen gibt an, ob der Automat mit ausländischen Karten genutzt werden kann.

2 Geldautomaten

Ein *cajero automático* (Geldautomat) ist die einfachste Möglichkeit, Geld abzuheben und hohe Gebühren für den Geldwechsel zu umgehen. Nahezu alle Geldautomaten akzeptieren Visa, MasterCard und American Express. Sie sind rund um die Uhr in Betrieb. Die Nutzungsgebühren bestimmt Ihre Heimatbank.

3 Kreditkarten

Am häufigsten werden Visa und MasterCard akzeptiert. Auch mit American Express und Diners Club kann man in Buenos Aires bezahlen.

4 Geldwechsel

In Microcentro, in der Calle Florida, der Calle Sarmiento und in San Martín befinden sich viele Wechselstuben *(casas de cambio)*. Sie sind täglich von 9 Uhr bis 18 Uhr geöffnet.

5 Reiseschecks

Reiseschecks können in Banken und Wechselstuben eingelöst werden. Die Gebühren sind hoch, oft betragen sie bis zu drei Prozent. Bei der American-Express-Niederlassung kann man Reiseschecks des Unternehmens provisionslos einwechseln. In Läden, Restaurants und Hotels werden Reiseschecks selten akzeptiert. ◈ *American Express: Arenales 707; 4310-3535*

6 Banküberweisung

Über Western Union kann man Geld aus dem Ausland überweisen. Die Website informiert über Gebühren, Höchstbeträge und Niederlassungen. ◈ *www.westernunion.com*

7 Post

Die Filialen der argentinischen Post Correo Argentino sind an Werktagen von 9 Uhr bis 18 Uhr geöffnet. Luftpost kann man regulär oder als registrierte Sendung *(correo certificado)* verschicken. Postlagernde Sendungen (Poste Restante) sollten mit folgender Anschrift an das Hauptpostamt Buenos Aires' gesendet werden: Empfängername, Lista de Correos: Correo Central, Sarmiento 189, (1003) Capital Federal, Argentina. ◈ *www.correoargentino. com.ar*

8 Telefon

Öffentliche Telefone und Telefonzentren *(locutorios)* findet man in der ganzen Stadt. Telefónica und Telecom sind die größten Anbieter. Die meisten Zentren haben täglich von 10 Uhr bis 23 Uhr geöffnet. Sie bieten auch Faxdienste an. Die Vorwahl für Argentinien lautet 0054, die für Buenos Aires 011. Die Rufnummern in der Stadt sind achtstellig.

9 Handy

Die meisten Tri- und Quad-Band-Mobiltelefone funktionieren in Buenos Aires. Erkundigen Sie sich bei Ihrem Anbieter nach den Roaming-Gebühren. SIM-Cards von örtlichen Anbietern sind an Kiosken für ca. 10 Pesos erhältlich. Vor Ort ein Handy zu mieten, ist auch eine gute Alternative. ◈ *Phonerental: Esmeralda 909, 3. Stock; 4311- 2933; www.phone rental.com.ar*

10 Internet-Cafés

Internet-Cafés und Telefonzentren mit Internet-Zugang sind in Buenos Aires überall zu finden. Viele der modernen Bars, Cafés und Restaurants bieten WLAN.

Kreditkartenverlust

Allgemeine Notrufnummer
• *0049 116 116*
• *www.116116.eu*

American Express
• *4310 3405*

Diners Club
• *0810 444 2482*

MasterCard
• *0800-555-0507*

Visa
• *0800-666-0171*

  Der Dienst Deutschland Direkt für R-Gespräche in das deutsche Festnetz: 0800-222-4900.

Links **Zahnarztpraxis** Mitte **Polizist** Rechts **Farmacia de La Estrella**

TOP10 Sicherheit & Gesundheit

1 Notfälle

In Notfällen sind die folgenden Telefonnummern rund um die Uhr kostenfrei zu erreichen:
Ⓢ *Policia* (Polizei) 911
Ⓢ *Bomberos* (Feuerwehr) 100 Ⓢ *Emergencia médica* (Notarzt) 107
Ⓢ *Defensa Civil* (bei Gas-Unfällen, Stromausfall, Wasserschaden) 103

2 Polizei

Opfer von Straftaten wenden sich an die *Comisaría del Turista* im Zentrum von Buenos Aires. In der speziell auf Urlauber ausgerichteten Polizeistation steht täglich 24 Stunden Englisch sprechendes Personal zur Verfügung. Im Notfall hilft aber auch die jeweils nächstgelegene Polizeistation *(comisaría)*.
Ⓢ *Comisaría del Turista: Avda. Corrientes 436; 4346 5748 ; durchgehend geöffnet; turista@policia federal.gov.ar*

3 Vorbeugung gegen Diebstahl

Im Vergleich zu anderen lateinamerikanischen Städten und Metropolen der Welt ist Buenos Aires sehr sicher. Dennoch empfehlen sich die üblichen Vorkehrungen: Lassen Sie Gepäck nicht unbeaufsichtigt und hängen Sie Handtaschen in Restaurants und Bars nicht an die Stuhllehne. Zeigen Sie nicht, wie viel Geld Sie bei sich haben, tragen Sie teure Fotoapparate verdeckt und meiden Sie unsichere Gegenden *(siehe S. 106)*.

4 Taxis

Am sichersten sind telefonisch bestellte Funktaxis und *Remises (siehe S. 105)*. Bei an der Straße herangewunkenen Taxis sind durch die Aufschrift »Radio Taxi« an den Türen gekennzeichnete Wagen Standardtaxis vorzuziehen. Steigen Sie nicht sofort in ein Taxi, wenn Sie an einem Geldautomaten abgehoben haben, sondern gehen Sie zuvor ein paar Straßenzüge weiter.

5 Krankenhäuser

Für medizinische Hilfe sucht man am besten eine der Privatkliniken in Buenos Aires auf. Diese haben einen erstklassigen Standard. Die Hauptstelle des Hospital Británico im Süden der Stadt bietet einen 24-Stunden-Notdienst, die weiteren Häuser medizinische Beratung. Ⓢ *Hospital Británico: Karte D5; Perdriel 74; 4309-6400; www. hospitalbritanico.org.ar*

6 Zahnärzte

Die zahnärztliche Versorgung in Buenos Aires ist gut. Die meisten Privatkliniken beschäftigen auch Zahnärzte. Der Servicio de Urgencias der zahnmedizinischen Fakultät der staatlichen Universität betreibt einen 24-Stunden-Notdienst. Ⓢ *Servicio de Urgencias: Marcelo T de Alvear 2146; 4964-1259*

7 Apotheken

Die größte Apothekenkette Argentiniens Farmacity betreibt Filialen in der ganzen Stadt. In jedem Viertel hat eine Apotheke 24-Stunden-Notdienst. Das Schild *farmacia de turno* im Fenster zeigt die Adresse an.

8 Trinkwasser

Argentiniens Leitungswasser ist trinkbar. Besucher ziehen oft in Flaschen abgefülltes Wasser vor.

9 Alleinreisende Frauen

Für alleinreisende Frauen ist Buenos Aires eine angenehme Stadt. Aufmerksamkeiten von Männern lassen sich mit der Aussage »*estoy casada*« (»Ich bin verheiratet«) schnell abweisen. Frauen sollten nur mit telefonisch bestellten Funktaxis fahren.

10 Botschaften

Wer in Buenos Aires polizeiliche Hilfe braucht, sollte gleichzeitig Kontakt mit der Botschaft seines Heimatlandes aufnehmen.

Botschaften

Deutschland
Calle Villanueva 1055
• *4778-2500*
• *www.buenos-aires. diplo.de*

Österreich
Calle French 3671
• *4809-5800*
• *www.bmeia.gv.at/ botschaft/buenos-aires*

Schweiz
Avda. Santa Fe 846
• *4311-6491*
• *www.eda.admin.ch/ buenosaires*

Weitere Tipps für einen sicheren Aufenthalt **siehe S. 106**

Links **Objekt in einem Antiquitätenladen** Mitte **Lederwaren** Rechts **Buchhandlung**

TOP 10 Shopping-Tipps

1 Öffnungszeiten

Shopping-Malls haben überwiegend von 10 Uhr bis 22 Uhr geöffnet. Lebensmittelmärkte und Kinos in Shopping-Malls bleiben länger offen. Andere Läden öffnen montags bis freitags von 9 Uhr bis 20 Uhr. Die Öffnungszeiten an den Wochenenden variieren. Manche Läden schließen samstags um 13 Uhr und sind sonntags geschlossen.

2 Mehrwertsteuer

In Argentinien ist die Mehrwertsteuer (IVA) von 21 Prozent in den ausgewiesenen Preisen enthalten. Eine Mehrwertsteuerrückerstattung wird nur von Läden angeboten, die das Global-Refund-Logo tragen. Der Wert des Einkaufs muss über 70 Pesos betragen. Bitten Sie um einen Global-Refund-Nachweis. Am Flughafen erhält man bei der Ausreise mit dem vom Zoll abgestempelten Formular an einem *puesto de pago* das Geld zurück.

3 Bezahlung

Neben dem argentinischen Peso akzeptieren einige Läden auch US-Dollar. In großen Läden kann man mit Kreditkarten bezahlen *(siehe S. 108)*.

4 Shopping-Viertel

Auch wenn es überfüllt und verkehrsreich ist, sollte Microcentro, v. a. die Fußgängerzone, den Ausgangspunkt jeder Shopping-Tour bilden. Hier gibt es von allem etwas: Shopping-Malls, Kaufhäuser sowie Kunsthandwerksläden. In Recoleta verkaufen edle Boutiquen einheimische und internationale Marken. Im trendigen Palermo Viejo befinden sich viele schicke Modeläden.

5 Lederwaren

Argentinische Lederwaren sind hochwertig und im Vergleich zu europäischen Produkten preiswert. Sie sind in vielen Geschäften erhältlich. Die Läden an der Calle Florida sind zuweilen überteuert. Die Lederwarengeschäfte an der Kreuzung der Calle Murillo und Scalabrini Ortíz in Palermo haben die besten Angebote.

6 Souvenirs

El Boyero, Kelly's und Mission *(siehe S. 38)* verkaufen typische Accessoires der Gauchos, *Mate*-Zubehör und einheimische Wollwaren. Auf dem Kunsthandwerksmarkt an den Wochenenden auf der Plaza Francia in Recoleta *(siehe S. 37)* sind preisgünstige Objekte erhältlich. Tango-Souvenirs erwirbt man am besten in den Läden an der Avenida Corrientes.

7 Antiquitäten

Die Läden in San Telmo und der sonntägliche Antiquitätenmarkt auf der Plaza Dorrego *(siehe S. 18)* sind berühmt. Auch der Mercado de las Pulgas in Palermo Viejo lohnt den Besuch. ◉ *Mercado de las Pulgas: Avda. Dorrego y Conde; www.mercadode laspulgas.org*

8 Wein

Die *vinotecas* in Shopping-Vierteln und Malls haben Produkte aus den Weinbauregionen Argentiniens im Sortiment. Ligier und Terroir bieten einen Verpackungs- und Versandservice. ◉ *Ligier: Karte Q5; Avda. Sante Fe 800; 5353-8060; www.ligier.com.ar* ◉ *Terroir: Karte L1; Buschiazzo 3040; 4778-3443; www.terroir.com.ar*

9 Musik

Die Kette Musimundo hat viele Filialen in Buenos Aires. Das Angebot beinhaltet argentinischen Rock und Folk. Zivals *(siehe S. 27)* bietet Tango, Jazz und klassische Musik. Disquería Bird und Abraxas verkaufen Schallplatten. ◉ *Musimundo: Avda. Santa Fe 1844; www.musimundo. com* ◉ *Disquería Bird: Talcahuano 385; 4382-2539;* ◉ *Abraxas: Galería 5ta Avda.; Avda. Santa Fe 1270*

10 Bücher

Südamerikas größter Buchladen Ateneo Grand Splendid und die Buchhandlung Librería Losada *(siehe S. 69)* bieten englische Literatur. Das Antiquariat Henschel verkauft deutsche Bücher – neu und alt. ◉ *Ateneo Grand Splendid: Avda. Santa Fe 1860; 4811-6104; www. elateneo.com* ◉ *Buchantiquariat Henschel: Reconquista 533; 4314-4764*

Shopping-Center in Buenos Aires siehe **S. 39**

Links **Boutique Home Hotel in Palermo** Rechts **Restaurant Cabaña Las Lilas**

Hotel- & Restaurant-Tipps

Hotelwahl
Eine Unterkunft in Microcentro bietet Nähe zu dem Shopping-Viertel der Stadt. Allerdings ist die Gegend tagsüber überfüllt und nachts etwas zwielichtig. Die gehobenen Viertel Recoleta und Puerto Madero liegen in Zentrumsnähe. Sie sind ruhig und angenehm. In beiden Vierteln gibt es mehrere Luxushotels. Recoleta bietet auch Unterkünfte des mittleren Preissegments. In San Telmo und Palermo Viejo befinden sich gute Boutique-Hotels und B & Bs. Historisch Interessierte werden San Telmo, Shopping-Begeisterte Palermo Viejo bevorzugen.

Haupt- & Nebensaison
Hochsaison, mit einigen Feiertagen und Winterferien an den Schulen, ist in Juli und August. Im Januar und im Februar bekommt man leicht eine günstige Unterkunft, da die Einwohner von Buenos Aires dann an den Küstenorten Ferien machen und wenige Geschäftsreisende die Stadt besuchen.

Preiskategorien
Die in diesem Buch angegebenen Preiskategorien sind Richtwerte für die Hauptsaison. Im Einzelfall erhält man bessere Konditionen, da die Preise nach Saison, Wochenspanne, Dauer des Aufenthalts und Art der Buchung variieren. Die in Argentinien geltende Mehrwertsteuer von 21 Prozent ist in den Preisangaben im Buch enthalten. Preislisten der Hotels sollten diese auch beinhalten, fragen Sie bei der Buchung dennoch nach.

Langzeitaufenthalt
Mehrere Agenturen sind auf Kurz- und Langzeitvermittlung von möblierten Apartments spezialisiert. Buenos Aires Travel Rent und Buenos Aires Stay haben jeweils über 100 Unterkünfte im Angebot. ○ *Buenos Aires Travel Rent: 4371-2424; www. buenosairestravelrent.com* ○ *Buenos Aires Stay: 4807 9046; www. buenosairesstay.com*

Mit Kindern reisen
In den meisten Hotels wird Kindern unter 12 Jahren kostenlos ein Zusatzbett im Zimmer der Eltern bereitgestellt.

Reservierung in Restaurants
In Buenos Aires ist v. a. an Wochenenden in Restaurants Reservierung zu empfehlen. In der Regel reicht ein Anruf ein bis zwei Tage vorab aus, bei gehobenen Restaurants empfiehlt sich eine Tischbestellung bis zu vier Tage im Voraus. Geben Sie bei Bedarf die Telefonnummer Ihres Hotels an.

Essenszeiten
In Buenos Aires isst man gegen 13 Uhr zu Mittag. Um ca. 17 Uhr nimmt man einen Imbiss in einem Café ein. Das Abendessen findet um 21 Uhr oder 22 Uhr, an Wochenenden um ca. 23 Uhr statt. Entsprechend haben Restaurants von 12 Uhr bis 16 Uhr und von 20 Uhr bis 1 Uhr geöffnet. Eine Stunde vor Schließung werden keine Bestellungen mehr aufgenommen.

Speisekarte
Die Speisekarten sind zunehmend in Spanisch und Englisch verfasst. Das Personal ist gern behilflich. Viele Restaurants bieten mittags ein *menú ejecutivo* – ein dreigängiges Menü und ein Getränk zum Festpreis. Bestellen Sie in Steakhäusern Ihr Fleisch *jugoso* (blutig), *a punto* (halb durch) oder *bien cocido* (gut durchgebraten). Bei Weinen wählt man *vino tinto* (rot) oder *vino blanco* (weiß).

Etikette
Auch wenn für Restaurants generell kein Dresscode gilt, kleiden sich die meisten Besucher gehobener Restaurants gern fein. Einige Clubs verwehren Gästen, die Turnschuhe tragen, den Zutritt.

Trinkgeld
Trinkgeld *(propina)* wird in Buenos Aires wie in anderen Großstädten gehandhabt. Hotelportiers erhalten etwa 10 Pesos. Die Rechnung im Hotelrestaurant wird um 10 bis 15 Prozent aufgerundet. Bei der Abreise hinterlässt man im Hotel ein Trinkgeld für die Zimmermädchen.

Typisch argentinische parillas **siehe S. 54f**

Links **Four Seasons Hotel** Mitte **725 Continental Hotel** Rechts **Restaurant im Faena Hotel**

TOP10 Luxushotels

1 Alvear Palace Hotel

Das Alvear ist das luxuriöseste Hotel der Stadt. Die Suiten sind mit antiken Kunstwerken und ägyptischen Laken ausgestattet. Schwelgen Sie in dem marmornen Wellness-Bereich und genießen Sie die Restaurants. ☉ Karte P4 • Avda. Alvear 1891, Recoleta • 4808-2100 • www.alvearpalace.com • $$$$$

2 Four Seasons Hotel

Die Zimmer in dem eleganten Hauptgebäude bieten King-Size-Betten und marmorne Einrichtung. Die Villa besitzt sechs Suiten. In dem klassizistischen Garten befindet sich ein römischer Pool. ☉ Karte P4 • Posadas 1086/88, Recoleta • 4321-1200 • www.fourseasons.com • $$$$$

3 Park Hyatt Buenos Aires

Die modernen Suiten in dem renovierten Palast aus den 1930er Jahren kontrastieren mit der klassizistischen Pracht der Gemeinschaftsräume. Zu der luxuriösen Ausstattung zählen ein Wellness-Center, ein Garten und eine Kunstgalerie im Souterrain. ☉ Karte P4 • Avda. Alvear 1661, Recoleta • 5171-1234 • www.buenosaires.park.hyatt.com • $$$$$

4 Caesar Park

Die Suiten in dem modernen Gebäude sind geräumig, mit Teppichen ausgelegt und mit Mar-

mor- und Hartholz-Einrichtung versehen. Es gibt einen Konferenzbereich, ein Spa, einen Pool, ein Restaurant und einen japanischen Garten. ☉ Karte P4 • Posadas 1232, Recoleta • 4819-1100 • www.caesar-park.com • $$$$$

5 Faena Hotel & Universe

Das Hotel bietet einer zahlungskräftigen Klientel ein edles Ambiente. Die Einrichtung changiert zwischen romantisch und kühl-modern. Gäste werden von einem »Experience Manager« betreut. Es gibt einen Pool, ein Fitness-Center, ein Spa, ein Cabaret und einen Weinkeller. ☉ Karte G2 • Martha Salotti 445, Dique 2, Puerto Madero Este • 4010-9000 • www.faenahotelanduniverse.com • $$$$$

6 Hotel Madero

Die Dachterrasse mit beweglicher Überdachung bietet einen Swimmingpool und wunderbare Sicht auf die Stadt. Die Zimmer sind schick, jede nur denkbare Annehmlichkeit ist vorhanden. ☉ Karte G3 • Rosario Vera Peñaloza 360, Dique 2, Puerto Madero Este • 5776-7777 • www.hotelmadero.com • $$$$$

7 Sofitel Buenos Aires

Schon die Lobby des Art-déco-Gebäudes mit Fliesen im Schachbrettmuster, Kronleuchter und großem Oberlicht beeindruckt. Die Badezimmer mit Botticino-

Marmor, das Aroma-Spa und der römische Pool sorgen für romantisches Flair. ☉ Karte Q4 • Arroyo 841, Retiro • 4131-0000 • www.sofitel.com • $$$$$

8 Marriott Plaza Hotel

Neben eleganten Suiten und einem Spa im Dachgeschoss besitzt das schöne Belle-Époque-Hotel eine der weltweit besten Hotelbars. ☉ Karte Q5 • Florida 1005, Retiro • 4318-3000 • www.marriottplaza.com.ar • $$$$$

9 Axel Hotel

Das erste Fünf-Sterne-Hotel für schwule Reisende in Lateinamerika steht auch heterosexuellen Gästen offen. Es bietet einen Dachterrassenpool, ein Fitness-Center, einen Garten, Wellness- und Cocktailbars, ein Solarium und ein Restaurant. Bei den DJ-Nächten freitags sind Nicht-Hotelgäste willkommen. ☉ Karte F2 • Venezuela 649, San Telmo • 4136-9393 • www.axelhotels.com • $$$$$

10 725 Continental Hotel

Hinter der klassizistischen französischen Fassade verbergen sich moderne Einrichtung und innovatives Design. Es gibt ein Spa, einen Dachterrassenpool sowie Business- und Wellness-Bereiche. ☉ Karte Q6 • Avda. Roque Saenz Peña 725, Microcentro • 4131-8000 • www.725continental.com • $$$$$

Preise variieren nach Saison, Belegung, Extras und Werbeaktionen. Die angegeben Preise gelten in der Hochsaison.

Hotel 562 Nogaró

TOP 10 Gehobene & Business-Hotels

1 Hilton Buenos Aires Hotel

Die schicken Standardzimmer bieten ergonomische Sitzgelegenheiten und Blick auf Puerto Madero und den Fluss. Zu dem Hotel gehören ein Swimmingpool im Freien, eine Weinbar, ein Restaurant mit internationaler Küche und Business-Einrichtungen. ✆ *Karte G1 • Macacha Guemes 351, Dique 3, Puerto Madero Este • 4891-0000 • www.hilton.com • $$$$$*

2 Sheraton Buenos Aires Hotel & Convention Center

Die Doppelzimmer des zentral gelegenen Hotels sind geräumig. Sie bieten Blick auf Fluss und Stadt. Es gibt exzellente Business-Ausstattung, ein Restaurant mit internationaler Küche, einen Shopping-Bereich mit Schönheitssalon, Pools innen und außen, Tennisplätze, Fitness- und Wellness-Bereich. ✆ *Karte Q4 • San Martin 1225/1275, Retiro • 4318-9000 • www.sheraton-ba.com • $$$$*

3 Hotel Eurostars Claridge

Die Zimmer besitzen Holzschreibtische sowie antike Spiegel und Bilderrahmen. Das Restaurant zeigt Tudor-Stil. Ein beheizter Außenpool, Fitness-Center, Sauna und Spa gehören zum Hotel. Das Personal des Business-Centers ist zweisprachig. ✆ *Karte Q5 • Tucumán 535, Microcentro • 4314-2020 • www.claridge.com.ar • $$$$*

4 Pestana Buenos Aires

Das Hotel liegt nahe dem Obelisco de Buenos Aires und dem Finanzzentrum der Stadt. Es bietet einen großen Pool sowie Fitness- und Wellness-Bereiche. Die Zimmer sind groß und schallisoliert. ✆ *Karte Q5 • Carlos Pellegrini 877, Retiro • 5239-1000 • www.pestana.com • $$$$$*

5 NH City & Tower

Das restaurierte Art-déco-Gebäude aus den 1930er Jahren liegt nahe der Plaza de Mayo. Es besitzt Business- und Fitness-Center sowie eine Sauna. Der Pool auf der Terrasse des 12. Stockwerks bietet Blick auf die Wolkenkratzer am Fluss. ✆ *Karte F2 • Bolivar 160, Monserrat • 4121-6464 • www.nh-hoteles.com • $$$$*

6 Hotel Emperador

Das Hotel verbindet klassisches Design mit moderner Technologie. Die Zimmer sind äußerst geräumig. Zur Ausstattung gehören Spa, Fitness-Bereich, Pool und ein Gourmet-Restaurant. ✆ *Karte Q4 • Avda. del Libertador 420, Retiro • 4131-4000 • www.hotel-emperador.com.ar • $$$$*

7 Dazzler Tower San Martin

Das Hotel in exzellenter Lage bietet auf elf Stockwerken dezent und stilvoll eingerichtete, schallisolierte Zimmer. Vom neunten bis elften Stock sieht man den Sonnenaufgang über dem Rio de la Plata. Das Hotel besitzt Spa, Pool und Fitness-Bereich. Die Suiten verfügen über Jacuzzis. ✆ *Karte Q5 • San Martin 920, Retiro • 5256-7700 • www.dazzlertowersanmartin.com • $$$$*

8 Intercontinental Buenos Aires

Gäste erwarten ein Fitness-Bereich, ein Solarium, ein beheizter Pool, ein Spa, Business-Center und -Lounge sowie ein Restaurant mit internationaler Küche. ✆ *Karte E2 • Moreno 809, Monserrat • 4340-7100 • www.buenos-aires.intercontinental.com • $$$$$*

9 Design Suites

Die ruhige Zen-Lobby ist Kennzeichen des Design-Hotels mit minimalistischer Einrichtung. Die Suiten sind mit Musikanlage, Hydromassage-Bad, DVD-Spieler und Balkon ausgestattet. ✆ *Karte N5 • Marcelo T. de Alvear 1683, Barrio Norte • 4814-8700 • www.designsuites.com • $$$$*

10 Hotel 562 Nogaró

Die Zimmer mit Parkett, schmalem Doppelbett, Arbeitsplatz und WLAN-Anschluss sind vergleichsweise günstig. Es gibt auch Business- und Wellness-Bereiche. ✆ *Karte F2 • Avda. Julio A. Roca 562, Monserrat • 4331-0091 • www.epoquehotels.com • $$$$*

Wenn nicht anders angegeben, akzeptieren alle Hotels Kreditkarten und bieten Zimmer mit Bad und Klimaanlage.

Links **Costa Petit Hotel** Mitte **Krista Hotel Boutique** Rechts **Mansión Dandi Royal**

TOP 10 Boutique-Hotels

1 Esplendor Phoenix Buenos Aires

Die Zimmer in dem imposanten Belle-Époque-Gebäude sind geräumig und modern. Es gibt ein elegantes Bar-Restaurant. Die Mosaike mit bedeutenden Persönlichkeiten in den Korridoren sind beeindruckend. Eines zeigt Che Guevara. ◈ Karte Q5 • San Martín 780, Microcentro • 5256-8800 • www.esplendorbuenosaires.com • $$$$

2 Meliá Recoleta Plaza

Das Hotel bietet Fünf-Sterne-Luxus im Boutique-Format. Die Suiten sind im Louis-XV-Stil üppig dekoriert. Es gibt Business- und Fitness-Center, ein Spa mit Jacuzzi im Freien und ein luxuriöses Restaurant. ◈ Karte P4 • Posadas 1557, Recoleta • 5353-4000 • www.melia-boutique-recoleta-plaza.com • $$$$$

3 Art Hotel

Das 100 Jahre alte Stadthaus bietet 36 klassisch eingerichtete Zimmer, einen gemütlichen Aufenthaltsraum, eine gut ausgestattete Bibliothek, Business-Lounge, Veranda, einen sonnigen Dachgarten und eine Kunstgalerie. ◈ Karte N4 • Azcuénaga 1268 • 4821-4744 • www.arthotel.com.ar • $$

4 La Cayetana Historic House

Die elf Zimmer in dem Haus aus den 1820er Jahren sind hübsch eingerich-

tet. Die Aufenthalts- und Speisesäle gehen auf zwei reizende Innenhöfe und einen Garten hinaus. ◈ Karte E2 • México 1330, Monserrat • 4383-2230 • www.lacayetanahotel.com.ar • $$$

5 Moreno Hotel

Die Suiten in dem Art-déco-Gebäude von 1929 verbinden moderne Nüchternheit mit Art-déco-Details. Es gibt ein lateinamerikanisches Restaurant, ein kleines Jazz- und Tango-Theater, ein Fitness-Center sowie eine Dachterrasse mit Blick auf die Kuppeln und Türme der Stadt. ◈ Karte F2 • Moreno 376, Monserrat • 6091-2000 • www.morenobuenosaires.com • $$$$$

6 Mansión Dandi Royal

Tango ist Motto des Hotels. Das Jugendstilinterieur der ein Jahrhundert alten Villa ist schön restauriert. Tango-Wandgemälde und -Kunstobjekte zieren die 30 Zimmer. Fitness-Center, Dachterrassenpool, Solarien und ein kleines Spa sind vorhanden. In den drei Salons finden Tango-Shows und -Kurse statt. ◈ Karte E3 • Piedras 922/936, San Telmo • 4307-7623 • www.mansiondandiroyal.com • $$

7 Home Hotel Buenos Aires

Das Hotel verbindet Luxus und Ungezwungenheit. Die minimalistische Einrichtung hat auch flippige

Elemente. Die Suiten besitzen speziell angefertigte Bäder. Spa, Garten und Pool bieten Entspannung. ◈ Karte J2 • Honduras 5860, Palermo Viejo • 4778-1008 • www.homebuenosaires.com • $$$

8 Krista Hotel Boutique

Das romantische Hotel ist ideal für Paare. Das Haus aus den 1920er Jahren beherbergt große Suiten, eine kunstvoll gestaltete Lounge, drei Veranden und einen Massagesalon. ◈ Karte J3 • Bonpland 1665, Palermo Viejo • 4771-4697 • www.kristahotel.com.ar • $$$

9 Costa Petit Hotel

Eine der vier Suiten des hochklassigen Hotels besitzt eine Terrasse. Die Holzeinrichtung ist warm und modern. Es gibt einen lauschigen, abends von Kerzen erleuchteten Garten mit Pool und Terrasse. ◈ Karte J3 • Costa Rica 5141, Palermo Viejo • 4776-8296 • www.costapetithotel.com • $$$$$

10 Casa Las Cañitas

Die Einrichtung des Hotels in einer ruhigen Straße in Las Cañitas ist hell, zeitgemäß und dezent elegant. Das Haus bietet neun Zimmer, ein Restaurant, eine Lounge, eine Dachterrasse und einen Zen-Garten mit Terrasse. ◈ Karte K1 • Huergo 283, Las Cañitas • 4771-3878 • www.casalascanitas.com • $$

Preiskategorien

Preis für ein Doppel-	**$**	unter 200 $
zimmer pro Nacht	**$$**	200–450 $
mit Frühstück (falls	**$$$**	450–700 $
inklusive), Steuern	**$$$$**	700–1000 $
und Service.	**$$$$$**	über 1000 $

Carsson Hotel

Reise-Infos

TOP 10 Mittelklasse-Hotels

1 Hotel Colón

Die Doppelzimmer sind modern, schallisoliert und in angenehm neutralen Farben gehalten. Einige bieten Blick auf die Avenida 9 de Julio. Es gibt einen Pool, einen Fitness-Bereich und ein Restaurant mit internationaler Küche. ✎ *Karte P6 • Carlos Pellegrini 507 Microcentro • 4320-3500 • www.hotel colon.com.ar • $$$$*

2 Hotel Plaza Francia

Das Hotel liegt in einer ruhigen Straße. Die Zimmer gehen auf die Plaza Francia hinaus. Sie sind gemütlich und nett eingerichtet. Zur Ausstattung gehören ein Business-Center und ein frei zugänglicher Fitness-Bereich. ✎ *Karte P3 • Eduardo Schiaffino 2189, Recoleta • 4804-9631 • www.hotelplazafrancia. com • $$$*

3 Guido Palace Hotel

Das Belle-Époque-Gebäude besitzt gusseiserne Balkone und Fensterläden aus Holz. Die 24 komfortablen Zimmer sind im Stil jener Zeit eingerichtet. In jedem Stockwerk gibt es eine Lounge. ✎ *Karte P4 • Guido 1780, Recoleta • 4812-0341 • www.guidopalace. com.ar • $$*

4 Waldorf Hotel

Die in edlem Holz gehaltene, luftige Lobby akzentuiert den angenehmen Stil des Waldorf. Die Zimmer bieten tadellose Bä-

der und Kabelfernsehen. Die höherpreisigen Zimmer in den oberen Etagen haben Flachbildfernseher und Holzböden. ✎ *Karte Q5 • Paraguay 450, Microcentro • 4312-2071 • www. waldorf-hotel.com.ar • $$*

5 Hotel Bel Air

Das elegante Haus aus den 1920er Jahren in Recoleta besitzt eine weiß getünchte Fassade. Die 77 Zimmer sind gut ausgestattet, die Einrichtung ist etwas antiquiert. Das Hotel bietet ein Restaurant, eine Weinbar, einen Fitness-Bereich, ein Business-Center und einen Babysitter-Service. ✎ *Karte P5 • Arenales 1462, Recoleta • 4021-4000 • www. hahoteles.com • $$$*

6 Dazzler Suites Arroyo

Die Einrichtung des Hotels nahe dem Stadtzentrum ist etwas renovierungsbedürftig, doch die Suiten sind gut ausgestattet. Standardzimmer bieten Lounge-Bereich und Kochnische. Am kleinen Pool liegen Terrasse und Frühstücksbar. Es gibt ein Restaurant, ein Fitness-Center und eine Sauna. ✎ *Karte Q4 • Suipacha 1359, Retiro • 5276-7700 • www.dazzler suitesarroyo.com • $$$*

7 Gran Hotel Orly

Das zehn Stockwerke hohe Hotel bietet Einzel-, Doppel- und Dreibettzimmer sowie fünf miteinander verbundene Räume. Die gemütlichen Doppel-

zimmer besitzen Arbeitsplätze, Wandspiegel und Kabel-TV. Innenliegende Zimmer sind ruhiger. Das Personal ist hilfsbereit. ✎ *Karte Q5 • Paraguay 474, Microcentro • 4312-5344 • www.orly.com.ar • $$*

8 Carsson Hotel

Die Lobby mit Marmorboden, Kronleuchtern und antiken Ölgemälden hat altmodischen Charme. Die Zimmer sind gut ausgestattet und geschmackvoll. ✎ *Karte Q5 • Viamonte 650, Microcentro • 4131-3800 • www.hotelcarsson. com.ar • $$*

9 Hotel Dos Congresos

Das Hotel bietet ein hervorragendes Preis-Leistungs-Verhältnis. Die Hälfte der hellen, geräumigen Zimmer bietet Blick auf den Congreso Nacional. Suiten mit Couch und Jacuzzi kosten einen geringen Aufpreis. ✎ *Karte D1 • Rivadavia 1777, Congreso • 4372-0466 • www.hotel doscongresos.com • $$*

10 Castelar Hotel & Spa

Das 1929 eröffnete, einst bei Schriftstellern und Aristokraten beliebte Hotel versetzt Gäste in das Goldene Zeitalter von Buenos Aires zurück. Die Zimmer sind elegant. Das mit Marmor verkleidete Spa besitzt türkische Bäder mit Statuen. ✎ *Karte E2 • Avda. de Mayo 1152, Congreso • 4383-5000 • www. castelarhotel.com.ar • $$$*

 Wenn nicht anders angegeben, akzeptieren alle Hotels Kreditkarten und bieten Zimmer mit Bad und Klimaanlage.

Links **Che Lulu Trendy Hotel** Rechts **The Cocker**

TOP 10 B & Bs & Pensionen

1 1555 Malabia House Hotel

Das B & B in einem schön restaurierten Kloster mit Fresken besitzt eine moderne Einrichtung. Die Atmosphäre wirkt entspannend. Es gibt innen und außen Veranden, einen Fitness- und einen Business-Bereich sowie eine Bibliothek. ◎ Karte K4 • Malabia 1555, Palermo Viejo • 4833-2410 • www.malabiahouse.com.ar • $$$

2 Che Lulu Trendy Hotel

Die schicke Pension bietet acht Einzelzimmer und zwei Doppelzimmer mit Bad. Die Einrichtung ist mexikanisch, minimalistisch oder kitschig orientalisch. Die Lounge birgt Retro-Möbel. Es gibt eine Veranda und eine Terrasse. ◎ Karte K3 • Pasaje Emilio Zolá 5185, Palermo Viejo • 4772-0289 • www.chelulu.com • $$

3 Cypress In

Zwei der 13 Zimmer des modernen B & B haben Balkone zur Straße. Die Doppelzimmer sind klein, aber farbenfroh gestaltet. Die Lounge bietet Ledersofas und DVD-Spieler. Die Dachterrasse ist sonnig. ◎ Karte K3 • Costa Rica 4828, Palermo Viejo • 4833-5834 • www.cypressin.com • $$

4 La Otra Orilla

Die Aristokratenresidenz aus den 1930er Jahren ist ein historisches Juwel. Das Frühstück wird in dem mit kristallenem Kronleuchter, schweren Gardinen und Piano ausgestatteten einstigen Speisezimmer der Familie serviert. Die Veranda ist abends von Kerzen erleuchtet. Die Zimmer sind hell und modern. ◎ Karte K4 • Julián Alvarez 1779, Palermo • 4863-7426 • www.otraorilla.com.ar • $$

5 Posada Palermo

Die Architektin Viviana gestaltete ihr Haus, eine traditionelle casa chorizo in Palermo, in ein B & B um. Die vier stilvollen Zimmer sind mit Antiquitäten ausgestattet. Veranda und Gemeinschaftsraum sind gemütlich. Das Frühstück ist hervorragend. ◎ Karte L4 • J. Salguero 1655, Palermo Viejo • 4826-8792 • www.posadapalermo.com.ar • $$

6 Lugar Gay de Buenos Aires

Das älteste B & B für homosexuelle Reisende in Buenos Aires in einem restaurierten Wohnhaus von 1900 bietet acht moderne, gemütliche Zimmer, Sauna, Videoverleih für Erwachsene und Terrassen. Das Personal organisiert Tango-Kurse im Haus und Stadtführungen. ◎ Karte F3 • Defensa 1120, San Telmo • 4300-4747 • www.lugargay.com.ar • $$

7 Casa Bolívar

Das auf homosexuelle Besucher ausgerichtete B & B und Loft-Hotel ist in einer Villa von 1901 ansässig. Es besitzt 14 Suiten, die im Art-déco-, Barock-, Belle-Époque-, Zen- und anderen Stilen gestaltet sind. Es gibt eine große Lounge und zwei Veranden. ◎ Karte F4 • Finochietto 524, San Telmo • 4300-3619 • www.casabolivar.com • $$

8 The Four B & B

Die sieben schönen, schlichten Zimmer in dem eleganten Stadthaus in San Telmo reichen von gemütlich bis groß. Die Suite hat einen offenen Kamin und Balkon. Es gibt eine Lounge und eine Dachterrasse. ◎ Karte F3 • Carlos Calvo 535, San Telmo • 4362-1729 • www.thefourhotel.com • $$

9 The Cocker

Das von Briten geführte Hotel in einem Bürgerhaus von 1897 mit hohen Decken, Wendeltreppen, einem Piano aus dem 19. Jahrhundert und antikem Mobiliar bietet fünf elegante Suiten, eine große Terrasse und einen Dachgarten. ◎ Karte F4 • Avda. Juan de Garay 458, San Telmo • 4362-8451 • www.thecocker.com • $$

10 Posada de la Luna

Das perfekt erhaltene Haus aus den 1860er Jahren besitzt koloniales Flair. Es bietet fünf Zimmer, Jacuzzi, eine Lounge-Massagesalon und andalusische Patios. Die Einrichtung ist lässig-schick. ◎ Karte F2 • Perú 565, San Telmo • 4343-0911 • www.posadaluna.com • $$

Preiskategorien

Preis für ein Doppel-	**$**	unter 200 $
zimmer pro Nacht	**$$**	200–450 $
mit Frühstück (falls	**$$$**	450–700 $
inklusive), Steuern	**$$$$**	700–1000 $
und Service.	**$$$$$**	über 1000 $

Schild des Hostel Ostinatto Buenos Aires

▣ Preiswerte Hotels & Hostels

1 Goya Hotel
Das Goya zählt zu den besten preisgünstigen Hotels der Stadt. Im obersten Stockwerk liegen eine Terrasse mit Blick über Buenos Aires, eine Frühstücksbar und drei Suiten. Die gemütlichen Zimmer in den anderen Etagen sind mit Hydromassage-Bädern, Kabelfernsehen und WLAN oder Breitband-Anschlüssen ausgestattet. ✪ *Karte Q5 • Suipacha 748, Microcentro • 4322-9269 • www.goyahotel.com.ar • $*

2 Hostel Carlos Gardel
Das lebendige, freundliche Hostel ist in einem historischen Haus in San Telmo untergebracht. Es bietet zwei klimatisierte Schlafsäle und sieben Zimmer. Außerdem stehen voll ausgestattete Apartments zur Verfügung. ✪ *Karte F3 • Carlos Calvo 579, San Telmo • 4307-2606 • www. hostelcarlosgardel.com • $*

3 Hotel del Prado
Eine marmorne Eingangstreppe führt in das Gebäude aus den 1930er Jahren. Die einladenden, gepflegten Zimmer sind mit Kabel-TV, Deckenventilatoren und WLAN ausgestattet. Die rückwärtigen Räume sind ruhiger. Das Hotel befindet sich nahe der U-Bahn und den zentralen Buslinien. ✪ *Karte M5 • Paraguay 2385, Barrio Norte • 4961-1192 • www.hoteldelprado-ba.com.ar • $*

4 Gran Hotel Hispano
Das zweistöckige Belle-Époque-Juwel besitzt eine spanische Veranda und eine Gartenterrasse. Die Zimmer sind geschmackvoll. ✪ *Karte E2 • Avda. de Mayo 861, Monserrat • 4345-2020 • www. hhispano.com.ar • $$*

5 Hostel Inn Tango City
Die quirlige Herberge in einem alten Stadthaus in San Telmo bietet getrennte und gemischte Schlafsäle, Doppel- und Vierbettzimmer, eine Leihbibliothek, einen Waschsalon und ein Reisebüro. Die Bar im Erdgeschoss lockt mit Billardtisch, Internet-Zugang und langer Happy Hour. ✪ *Karte E3 • Piedras 680, San Telmo • 4300-5764 • www.hostel-inn.com • $*

6 Ostinatto Buenos Aires Hostel
Das Hostel bietet einen restaurierten Weinkeller mit eigenem Label sowie kostenlose Tango- und Yoga-Kurse. Das verschachtelte Gebäude birgt Schlafsäle, Doppelzimmer mit eigenem Bad, ein Loft-Apartment und eine Terrasse. Es gibt Schließfächer und einen Waschsalon. ✪ *Karte F3 • Chile 680, San Telmo • 4362-9639 • www. ostinatto.com.ar • $*

7 Casa Jardín Creativa
Die ruhige Herberge in einem eleganten Haus aus den 1930er Jahren in Palermo besitzt zwei Männer- und Frauenschlafsäle mit vier bis fünf Betten, Dreibett-, Zweibett- und Einzelzimmer sowie eine Terrasse mit Koch- und Essbereich. ✪ *Karte K3 • Charcas 4422, Palermo Viejo • 4774-8783 • www. casajardinba.com.ar • $*

8 Palermo Soho Hostel
Das Haus im trendigen Shopping-Viertel von Palermo wendet sich mit mehr Doppelzimmern als Schlafsälen an mit Rucksack reisende Pärchen. Terrasse, Lounge und Balkon bieten Entspannung. ✪ *Karte J2 • Nicaragua 4728 • 4833-0151 • www.palermosoho hostel.com.ar • $*

9 Milhouse
In der Party-Herberge der Stadt feiert man bei Trinkspielen, Pool-Wettbewerben und Clubbesuchen. Es gibt eine Veranda und eine Dachterrasse. ✪ *Karte E2 • Hipólito Yrigoyen 959, Monserrat • 4345-9604 • www. milhousehostel.com • $*

10 V & S Hostel
Das Haus von 1910, eine Oase im Trubel des Zentrums, besitzt eine geschwungene Treppe und einen antiken Aufzug. Es gibt Schlafsäle, Doppelzimmer, Vierbettzimmer, eine Veranda, eine Lounge sowie Spanisch- und Tango-Kurse. ✪ *Karte Q5 • Viamonte 887, Microcentro • 4322-0994 • www. hostelclub.com • $*

Preiswerte Hotels und Hostels sind meist ohne Klimaanlagen, nicht behindertengerecht und akzptieren keine Kreditkarten.

Textregister

Danksagung & Bildnachweis

Autoren

Nach seinem ersten Argentinien-Besuch 1999 blieb Declan McGarvey in dem Land, das ihn begeisterte. Auch neun Präsidentschaftswahlen später arbeitet er als Reiseschriftsteller und Herausgeber in Buenos Aires. Declan McGarvey schrieb Beiträge für den DORLING-KINDERSLEY-Reiseführer *Argentinien*. Er gab mehrere Time-Out-Reiseführer über Patagonien und Buenos Aires heraus und ist einer der Autoren der DORLING-KINDERSLEY-Bildbände *Where to Go When (Reisen)*.

Jonathan Schultz ist Co-Autor des DORLING-KINDERSLEY-Reiseführers *Top 10 Boston*. Buenos Aires lernte er bei einem Studienaufenthalt kennen und lieben. Nach achtjähriger Abwesenheit kehrte er 2007 in die Stadt zurück. *Dulce de leche* und *asados* bilden einen festen Bestandteil seiner Leidenschaft für die *Porteño*-Küche.

Publisher
Douglas Amrine

List Manager
Christine Stroyan

Managing Art Editor
Mabel Chan

Senior Editor
Sadie Smith

Senior Designer
Paul Jackson

Senior Cartographic Editor
Casper Morris

DTP Operator
Natasha Lu

Production Controller
Louise Minihane

Photographer
Demetrio Carrasco

Fact Checker
Ariel Waisman

Senior Cartographer
Suresh Kumar

Cartographer
Schchida Nand Pradhan

Editorial and Design Assistance
Claire Baranowski, Lydia Halliday, Nicola Malone, Margaret McHugh, Marisa Renzullo

Declan McGarvey dankt Colin Barraclough, Lucas von Eternautas und vor allem Virginia Maccallini für ihre unverzichtbare Hilfe bei der Erstellung dieses Buches. Sein Dank geht außerdem an Sadie Smith bei DORLING KINDERSLEY London und das Team von Quadrum Solutions, Mumbai, Indien, für ihre Ausdauer und unermüdliche Unterstützung.

Bildnachweis
o=oben, ol=oben links, olm= oben links Mitte, om=oben Mitte, or=oben rechts, mlo=Mitte links oben, mo=Mitte oben, mro=Mitte rechts oben, ml=Mitte links, m=Mitte, mr=Mitte rechts, mlu=Mitte links unten, mu=Mitte unten, mru=Mitte rechts unten, ul=unten links, u=unten, um=unten Mitte, uml=unten Mitte links, ur=unten rechts, d=Detail.

Wir haben uns intensiv bemüht, alle Urheber zu ermitteln, und entschuldigen uns für eventuelle, unbeabsichtigte Auslassungen. Gern werden wir die entsprechenden Angaben in künftige Ausgaben aufnehmen.

Kunstwerke wurden mit der freundlichen Genehemigung der folgenden Copyright-Inhaber abgebildet:

© *Manifestación* (1934), Antonio Berni: Jose Berni 23mu; © *Siste últimas canciones* (1986), Guillermo Kuitca: Westwater Art Gallery, New York 23mr; © *Der Schlächter and Don Juan Sandoval* Cesáreo Bernaldo de Quirós, in Zusammenarbeit mit dem Enkel des Künstlers Mario C. Bernaldo de Quirós, 17mr; © *Pareja (1923)* Xul Solar, Rechteinhaber Pan Klub – Xul Solar Museum 22um; © *Drago* Xul Solar, Rechteinhaber Pan Klub – Xul Solar Museum 89ol.

DORLING KINDERSLEY dankt den folgenden Personen, Institutionen und Bibliotheken für die freundliche Genehmigung zur Reproduktion ihrer Fotografien:

ACABAR: 92or.

ALAMY: APEIRON-PHOTO 29mr; Nick Baylis 42ol; Javier Etcheverry 97ol; Evernight Images 42or; David R. Frazier Photolibrary, Inc 12ml; Bernardo Galmarini 14ml, 50f; Jeremy Hoare 6mru, 12f m, 13or, 20ur, 42u; North River Images 4–5; Pictorial Press Ltd 58ol; Christopher Pillitz 58u, 59ol; Guido Schiefer 28or; vario images GmbH & Co.KG 58or; Wim Wiskerke 35or.

LA CABRERA: 54ol; CORBIS: Bettmann 32ol; Pablo Corral V 12um, 13um; Jon Hicks 24–25m; LANGEVIN JACQUES 28u;

Sergio Pitamitz 3ur, 62–63; Hubert Stadler 64or.

FOTOSCOPIO LATIN AMERICA STOCK PHOTO AGENCY: 26mu, 48ol, 48or, 49or.

LATINPHOTO: 43ol, 10–11m.

MALBA – FUNDACION CONSTANTINI, BUENOS AIRES, ARGENTINA: 22um, 22ml, 23mr, 23mu.

PETER & JACKIE MAIN: 13ol.

ODYSSEY PRODUCTIONS, INC: Robert Frerck 13mlu.

PHOTOLIBRARY: Japan Travel Bureau 95o; John Arnold Travel 20–21; Mauritius 78f; Nordic Photos/Chad Ehlers 8–9m.

REUTERS (alt TYPE): Marcos Haupa 32or.

VISAGE: Robert Frerck 18–19 m; Getty Images 28ol, 32ul, 33ol.

UMSCHLAG:
Vorderseite: ALAMY IMAGES, James Bunker Hauptbild; Blane Harrington III ul;
Buchrücken: DK IMAGES, Demetrio Carrasco u;
Rückseite: DK IMAGES Demetrio Carrasco ol, om, or.

Alle anderen Bilder:
© Dorling Kindersley
Weitere Informationen unter:
www.dkimages.com

Sprachführer

Die in Argentinien gesprochene Varietät des Spanischen ist als *rioplatense* bekannt. »Ll« und »y« werden wie das Deutsche »sch« ausgesprochen. Steht »s« vor einem Konsonanten oder am Ende eines Wortes wie in »tres«, hat es den Lautwert »h«. Am Wortende kann »s« auch ganz wegfallen, wie in »dos« – »do«. Wie in anderen lateinamerikanischen Ländern werden »c« und »z« wie »s« artikuliert.

Notfälle

Hilfe!	¡Socorro!
Halt!	¡Pare!
Rufen Sie einen Arzt!	¡Llamen a un médico!
Rufen Sie einen Krankenwagen!	¡Llamen a una ambulancia!
Polizei!	¡Policía!
Wo ist das nächste Krankenhaus?	¿Dónde queda el hospital más cercano?
Können Sie mir helfen?	¿Me puede ayudar?

Grundwortschatz

Ja	Sí
Nein	No
Bitte	Por favor
Entschuldigung	Perdone
Verzeihen Sie	Disculpe.
Es tut mir leid.	Lo siento.
Danke	Gracias
Hallo!	¡Buenas!
Guten Tag	Buenos días
(nachmittags)	Buenas tardes
Guten Abend	Buenas noches
Nacht	Noche
Morgen (Tageszeit)	Mañana
Morgen (folgender Tag)	Mañana
Gestern	Ayer
Hier	Acá
Wie?	¿Cómo?
Wann?	¿Cuándo?
Wo?	¿Dónde?
Warum?	¿Por qué?
Gut!	¡Qué bien!

Nützliche Redewendungen

Wie geht es Ihnen?	¿Qué tal?/ ¿Cómo va?
Es freut mich, Sie kennenzulernen.	Encantado/ mucho gusto
Sprechen Sie ein wenig Englisch?	¿Habla un poco de inglés?
Ich verstehe nicht.	No entiendo.
Können Sie langsamer sprechen?	¿Puede hablar más despacio?
Wie komme ich…/ wo geht es nach…?	¿Cómo se llega a…?/ ¿Por dónde se va a…?

Nützliche Wörter

groß	grande
klein	pequeño
gut	bueno
schlecht	malo
offen	abierto
geschlossen	cerrado
Eingang	la entrada

Ausgang	la salida
rechts	derecha
links	izquierda
geradeaus	(todo) recto
schnell	pronto
WC/Badezimmer	el baño
Damen	las mujeres
Herren	los hombres
Toilettenpapier	el papel higiénico
Batterien	las pilas
Ausweis/Reisepass	el pasaporte
Visum	la visa
Tourist Card	la tarjeta turística
Bar	el boliche
Geld	el dinero/la plata
essen	morfar
Führerschein	el registro

Gesundheit

Ich fühle mich nicht gut.	Me siento mal.
Ich habe	Me duele
Bauchschmerzen/	el estómago.
Kopfschmerzen.	la cabeza.
Er/sie ist krank.	Está enfermo/a.
Ich muss mich ausruhen.	Necesito descansar.

Post & Bank

Ich suche eine Wechselstube.	Busco una casa de cambio,
Wie ist der Dollar-Kurs?	¿A cómo está el dólar?
Ich möchte einen Brief versenden.	Quiero enviar una carta.
Briefmarke	la estampilla
Geld abheben	sacar dinero

Shopping

Ich möchte…/ Haben Sie…	Me gustaría/ ¿Tiene…?
teuer	caro
Wieviel kostet das?	¿Cuánto cuesta?
Wann öffnen/ schließen Sie?	¿A qué hora abre/cierra?
Kann ich mit Kreditkarte bezahlen?	¿Puedo pagar con tarjeta de crédito?

Sightseeing

Straße	la carretera
Hauptstraße	la calle/el callejón
Fremdenverkehrsbüro	la oficina de turismo
Rathaus	la municipalidad

Verkehrsmittel

Wann ist Abfahrt?	¿A qué hora sale?
Wann geht der nächste Zug/Bus nach…?	¿A qué hora sale el próximo tren/ autobús a…?
Zoll	la aduana
Können Sie ein Taxi für mich rufen?	¿Me puede llamar un taxi?
Hafen von …	el puerto de…
Anbordgehen	el embarque
Boarding Pass	la tarjeta de embarque

Autovermietung	**alquiler de autos**
Fahrrad	**la bicicleta**
Gebühr	**la tarifa**
Versicherung	**el seguro**
Tankstelle	**la estación de nafta**
Ich habe einen Platten.	**Se me pinchó una goma.**

Im Hotel

Ich habe reserviert.	**Tengo una reserva.**
Haben Sie Zimmer frei?	**¿Tiene habitaciones disponibles?**
Einzel- / Doppelzimmer	**habitación sencilla/ doble**
Zweibettzimmer	**habitación con camas dobles**
Dusche	**la ducha**
Bad	**la bañadera**
Ich möchte um... geweckt werden	**Necesito que me despierten a las…**
Wasser	**el agua**
Seife	**el jabón**
Handtuch	**la toalla**
Schlüssel	**la llave**

Im Restaurant

Ich bin Vegetarier.	**Soy vegetariano.**
Festpreis	**el precio fijo**
Glas	**el vaso**
Besteck	**cubiertos**
Kann ich bitte die Speisekarte sehen?	**¿Me deja ver el menú, por favor?**
Die Rechnung, bitte.	**La cuenta, por favor.**
Ich möchte etwas Wasser.	**Quiero un poco de agua.**
Frühstück	**el desayuno**
Mittagessen	**el almuerzo**
Abendessen	**la comida**

Auf der Speisekarte

el bife de chorizo a caballo	Lendensteak vom Holzkohlegrill mit zwei Speigeleiern
el choripán	Sandwich mit Wurst vom Schwein
el churrasco a caballo	Rumpsteak vom Holzkohlegrill mit zwei Spiegeleiern
la torta de humita	süßer Kürbis und Mais mit Käse, Zwiebeln und roten Paprika
chimichurri	scharfe Sauce
la centolla	Riesenkrabbe
el bife de lomo	Filet vom Holzkohlegrill
la molleja	(Kalbs-)Bries
el arroz	Reis
el atún	Thunfisch
el azúcar	Zucker
el bacalao	Kabeljau
los camarones	Garnelen
la carne	Fleisch
el chip	Brötchen
el huevo	Ei
el jugo	Fruchtsaft
la langosta	Languste

la leche	Milch
la mantequilla	Butter
el marisco	Meeresfrüchte
el pan	Brot
las papas	Kartoffeln
el pescado	Fisch
el pollo	Huhn
el postre	Dessert
el potaje	Suppe
la sal	Salz
la salsa	Sauce
la sopa	Suppe
el té	Tee

Zeit

Minute	**el minuto**
Stunde	**la hora**
halbe Stunde	**la media hora**
Montag	**lunes**
Dienstag	**martes**
Mittwoch	**miércoles**
Donnerstag	**jueves**
Freitag	**viernes**
Samstag	**sábado**
Sonntag	**domingo**

Zahlen

0	**cero**
1	**uno**
2	**dos**
3	**tres**
4	**cuatro**
5	**cinco**
6	**seis**
7	**siete**
8	**ocho**
9	**nueve**
10	**diez**
11	**once**
12	**doce**
13	**trece**
14	**catorce**
15	**quince**
16	**dieciséis**
17	**diecisiete**
18	**dieciocho**
19	**diecinueve**
20	**veinte**
30	**treinta**
40	**cuarenta**
50	**cincuenta**
60	**sesenta**
70	**setenta**
80	**ochenta**
90	**noventa**
100	**cien**
500	**quinientos**
1000	**mil**
erste/r	**primera/o**
zweite/r	**segunda/o**
dritte/r	**tercera/o**
vierte/r	**cuarta/o**
fünfte/r	**quinta/o**
sechste/r	**sexta/o**
siebte/r	**sétima/o**
achte/r	**octava/o**
neunte/r	**novena/o**
zehnte/r	**décima/o**

Straßenverzeichnis (Auswahl)